禹贡

导山、导水、五服歧解辑录

宋海燕 著

北京燕山出版社

图书在版编目（ＣＩＰ）数据

《禹贡》导山、导水、五服歧解辑录 / 宋海燕著 .
—北京：北京燕山出版社，2023.7
ISBN 978-7-5402-7001-8

Ⅰ . ①禹… Ⅱ . ①宋… Ⅲ . ①历史地理—中国—古代
②《禹贡》—研究 Ⅳ . ① K928.62

中国国家版本馆 CIP 数据核字（2023）第 129321 号

《禹贡》导山、导水、五服歧解辑录

作　　者：宋海燕
责任编辑：李　涛
封面设计：盟诺文化
版式设计：盟诺文化
出版发行：北京燕山出版社有限公司
地　　址：北京市西城区椿树街道琉璃厂西街20号
邮政编码：100052
发行电话：（010）65240430
印　　刷：北京金康利印刷有限公司
开　　本：710×1000　1/16
印　　张：8.25
字　　数：125千字
版　　次：2023年7月第1版
印　　次：2023年7月第1次印刷
书　　号：ISBN 978-7-5402-7001-8
定　　价：59.00元

《禹贡》是《尚书》中的一篇，是中国古代文献中最古老和最有系统性地理观念的著作，被奉为古今地理志之始祖，谈延革地理者莫不宗之。《禹贡》仅1193字，但内容丰富，无所不包，其内容大致分为三部分：九州章、导山导水章和五服章，其中九州章是《禹贡》文本的核心内容，导山导水章是作者纵览华夏大地上主要山川所作的简明记载和梳理，而五服章则认为是《禹贡》的一个赘疣，为完整的《禹贡》写成之后，由好事者将春秋之世流传着的一种基于原来的"三服制"史影发展而来的五服制构想的资料加入其末的，《禹贡》九州章笔者以前已有专门的研究著述，故此专门对《禹贡》导山、导水及五服章进行研究考释，对导山、导水、五服章中的山川、湖泊、贡赋等，凡有争议者，对其古今注疏研究作梳理辑录勘正，以便读者准确理解文本涵义。

《禹贡》是我国先秦时期全面系统记载中国古代山川地理的地理学著作，代表了早期中国地理研究的杰出成就，但由于历史久远，记叙简略，语言佶屈，历代注疏、疏证者不胜枚举。关于《禹贡》研究，除郑玄、马融、王肃、孔颖达、苏轼、林之奇、蔡沈诸儒外，历代注疏者，指不胜屈，其中清人胡渭的《禹贡锥指》，援古证今、宏博渊深，为集其大成者；其他如王夫之、阎若璩、蒋天锡、毛奇龄、朱鹤龄、孙星衍、陈遵、魏源、王先谦等亦注释考证《禹贡》，其或补胡氏之不足，或正胡氏之谬误，近人顾颉刚、刘起釪的《尚书校释译论》，以唐开成石经本为底本，参以唐以前的文献、出土文物及石刻中所涉及的相关资料，兼采段玉裁、陈乔枞、皮锡瑞诸家的研究成果，对《尚书》文本详加比勘校释译论，其《禹贡》研究篇可谓继《锥指》后的又一集成之作；此外，李长傅的

《禹贡释地》、辛树帜的《禹贡新解》、姚明煇的《禹贡注解》、杨大鈜的《禹贡地理今释》，也是对《禹贡》专门的注释考证；曾运乾的《尚书正读》，杨筠如的《尚书覈诂》，黄怀信的《尚书训注》，李民、王健的《尚书译注》，江灏、钱宗武的《尚书今古文全译》等著作中，对《禹贡》篇也有较为简略的阐释，《禹贡》研究可谓蔚为大观。

随着时代的发展，原有的研究已不能适应当今形势发展的需要，近人研究《禹贡》者，创新颇多，为前人所不逮，然今诠释《禹贡》者，或作为《尚书》的一部分，本身不成体系，或集中于《禹贡》专题的研究，专释《禹贡》全篇者较少，故本书诠释《禹贡》，对凡古今《禹贡》研究成果，无论前人解经、今人研究之涉及《禹贡》者，均加以吸收研讨，在传统研究的基础上，佐以各类研究资料，如古今地理志，游记、舆图之记载，尤其结合近现代最新研究成果，如新近发现的史料及地理、地质、土壤、水质的调查报告，出土遗迹、文物等，对《禹贡》导山、导水、五服部分歧解作较为科学的梳理勘正，去伪存真，使读者能够准确理解文本。

本书按文本叙述顺序共分为四个部分：导山歧解辑录、导水歧解辑录、五服歧解辑录及参考文献，针对此三章有异议的字、词、句子等一一作辑录训释勘正。通过广泛搜集罗列汉代及以后各家收录、研究《禹贡》者，如《史记》、《汉书》、《尚书大传》、《盐铁论》等录《禹贡》情况；汉马融、郑玄、王肃、许慎，唐孔颖达、司马贞、颜师古，宋苏轼、林之奇、蔡沈、朱熹，清人胡渭、皮锡瑞、王先谦、孙星衍、王鸣盛、阎若璩、王夫之等注，广泛查阅梳理《四库全书》各家注释，近人顾颉刚、刘起釪、康有为、梁启超，今人辛树帜、李长傅、曾运乾、江灏、钱宗武、马士远、樊东、李民、王健、黄怀信、屈万里等注释，对《禹贡》后三章歧解作去伪存真的梳理辑录勘正，以便读者能准确理解文本。

本书由安阳工学院的宋海燕编著。首先，在撰写过程中，笔者查阅了大量的国内外的研究成果、文献资料，得以借鉴众多专家学者的的观点、思路和实践资料，并进行整理、归纳、修改，在此表示衷心感谢；感谢我的单位安阳工学院提供的平台，本书的出版，得到了安阳工学院"博士科研启动金"的资助，感谢单位领导的支持以及同行专家教授的指导和意见，他们所提供的宝贵意见及中肯的见解，对笔者在本书的写作过程中提供了好的思路和创作方法；最后要感谢我的家人，默默在背后提供的无私帮助和安慰，他们牺牲了很多，也付出了很多。

由于时间仓促，加上笔者精力、水平有限，书中难免有不足与疏漏瑕疵之处，真诚的希望读者谅解并期待您的宝贵意见。

基金项目：河南省高等学校重点科研项目：《禹贡》九州歧解勘正（20A870001）。

目录

第一章

导山歧解辑录

导岍及岐，至于荆山，逾于河。

⋮⋮ 导

东晋·《伪孔传》： 更理说所治山川首尾所在。治山通水，故以山名之。[1]

治山为通水。

唐·司马贞： 古分为三条，故《地理志》有北条之荆山。马融以汧为北条，西倾为中条，嶓冢为南条。郑玄分四列：汧为阴列，西倾次阴列；嶓冢为阳列，岐山为次阳列。[2]（《史记索隐》）

《地理志》中记北条荆山，马融分三条，郑玄分四列。

唐·孔颖达： 上文每州说其治水，登山从下而上。州境隔绝，未得径通。今更从上而下，条说所治之山，本以通水，举其山相连属，言此山之傍，所有水害皆治讫也。因冀州在北，故自北为始。从此"导岍"至"敷浅原"，旧说以为三条。《地理志》云："《禹贡》北条荆山在冯翊怀德县南，南条荆山在南郡临沮县东北。"是旧有三条之说也。故马融、王肃皆为三条：导岍北条、西倾中条、嶓冢南条。郑玄以为四列：导岍为阴列，西倾为次阴列，嶓冢为次阳列，岷山为正阳列。郑玄创为此说，孔亦当为三条也。……荆、岐上已具矣，而此复言之，以山势相连，而州境隔绝，更从上理说所治山川首尾所在，总解此下导山水之意也。其实通水而文称导山者，导山本为治水，故以导山名之。[3]

导山是为通水，因冀州在北，故自北边为始，其山列对郑玄说有所更正，对"嶓冢"、"岷山"的阳列、次阳列颠倒为次阳列、正阳列。

唐·一行： 天下山河之象，存乎两戒。北戒自三危、积石，负终南地络之阴，

---

① （唐）孔颖达：《尚书正义》，上海：上海古籍出版社，2021年，第226页。
② 顾颉刚、刘起釪：《尚书校释译论》，北京：中华书局，2005年，第762页。
③ （唐）孔颖达：《尚书正义》，上海：上海古籍出版社，2021年，第226页。

东及太华，逾河并雷首、底柱（《全解》改为析城，疑是）、王屋、太行，北抵常山之右，乃东循塞垣，至濊貊、朝鲜，是谓北纪。……南戒自岷山、嶓冢，负地络之阳，东及太华，连商山、熊耳、外方、桐柏，自上洛（《全解》改为陪尾，疑是）南逾江、汉，携武当、荆山，至于衡阳，乃东循岭徼，达东瓯、闽中，是谓南纪。"①

一行是唐代僧人，其说《新唐书·天文志》、林之奇《尚书全解》及明人茅瑞徵《禹贡汇疏》中皆有所录，其将中国山脉按南北分为两戒：北纪以三危、积石为首，实际以古人所理解的河源为首；南纪以岷山、嶓冢为首，实际以古人所理解的江源为首。《汇疏》书首页所附《一行山河两戒图》，就是于北戒开端处为河源，南戒开端处为江源。

宋·王安石：导山者，导山之涧谷而纳之川也。……言导者，皆谓治山之水。山则无弥漫之患，唯有壅塞，故导之耳。②（《新经义》）

导山是为了通水，使无壅塞与弥漫之患。

宋·苏轼：随山者，随其地脉而究其终始也。何谓地脉？曰：地之有山犹人之有脉也，有近而不相连者，有远而相属者，虽江河不能绝也，自秦蒙恬始言地脉，而班固、马融、王肃治《尚书》皆有三条之说，郑玄则以为四列，古之达者已知此矣。北条山道起岍岐，而逾于河以至太岳，东尽碣石以入于海，是河不能绝也，南条之山自嶓蒙、岷山至于衡山，过九江至于敷浅原，是江不能绝也，皆禹之言卓然见于经者，非地脉而何？③（《书传》）

地脉犹如人脉，山势绵延，非江河所能绝。先儒有三条、四列说，苏氏分作北条之山与南条之山。

---

① 顾颉刚、刘起釪：《尚书校释译论》，北京：中华书局，2005 年，第 763 页。
② 顾颉刚、刘起釪：《尚书校释译论》，北京：中华书局，2005 年，第 761 页。
③ （清）纪昀、陆锡熊、孙士毅等：景印文渊阁四库全书，台北：台湾商务印书馆，1986 年，54-527。

宋·林之奇：《书》本为治水而作，其言所导之山，盖主于决怀襄之水而为言也。①

论此篇者但当观其决怀襄之水以杀滔天之势，而不应以地脉言也。苏氏之说今所不取。②（《尚书全解》）

导山是为通水，反对苏轼地脉说。

宋·朱熹：导山自北而南，据导字分南北二条，而江河为之纪。③

每州各言境内山川，首尾不相连贯，且自东而西，非自然之形势。故于此通贯九州山川，连贯首尾；更从西而东，以著自然之形势。④

山分南北二条，以江河为纪。"导"为通贯、连贯的意思。

宋·蔡沈：以下随山也……盖禹之治水，随山刊木，其所表识诸山之名，必其高大可以辨疆域，广博可以奠民居，故谨而书之，以见其施工之次第。初非有意推其脉络之所自来，若今之葬法所言也。若必实以山脉言之，则尤见其说之谬妄。盖河北诸山，根本脊脉皆自代北、寰武、岚县诸州承高而来。其脊以西之水，则西流以入龙门、西河之上流；其脊以东之水，则东流而为桑干、幽、冀以入于海。其西一支为壶口、太岳、次一支包汾、晋之源，而南出以为析城、王屋，而又西折以为雷首。又次一支乃为太行，又次一支乃为恒山。其间各隔沁潞诸川，不相连属，岂自汧、岐跨河而为是诸山哉？山之经理者，已赋于逐州之下，于此又条列而详记之，而山之经纬皆可见矣。王、郑有三条四列之名，皆为未当。今据"导"字分之，以为南北二条，而江、河以为之纪，于二之中又分为二焉。⑤（《书集传》）

---

① 顾颉刚、刘起釪：《尚书校释译论》，北京：中华书局，2005 年，第 761 页。

② （清）纪昀、陆锡熊、孙士毅等：景印文渊阁四库全书，台北：台湾商务印书馆，1986 年，55-185、186。

③ 顾颉刚、刘起釪：《尚书校释译论》，北京：中华书局，2005 年，第 764 页。

④ 顾颉刚、刘起釪：《尚书校释译论》，北京：中华书局，2005 年，第 762 页。

⑤ （宋）蔡沈：《书集传》，上海：凤凰出版社，2010 年，第 58-59 页。

导山为随山，以高大广博者书之，以见施工之次第；且故意牵合术士堪与风水之说反对地脉说。其又反对王、郑三条、四列说，将山脉分南北二条，以江、河为纪，二之中又各分为二。王夫之《尚书稗疏》议之云："王、郑以三条四列分之，蔡氏辨其非，是也。而蔡氏南北二条复分为二，则亦与王、郑之说，相去无几。"①

宋·张九成： 山而言之导者，以向者洪水滔天，首尾不辨，今水患既除，使山川复其本性，随山之势，穷极其首尾，以遂其风土之宜，此言导之意也，岂特导水云乎哉。②（《尚书详说》）

"导"不止导水，为"遂其风土之宜"。

宋·薛季宣：《周礼》两山之间必有川焉，《书序》"禹别九州，随山浚川"，则是禹之行山，利道其水。"随山刊木，奠高山大川"，小小川流固可因治之也。③（《书古文训》）

导山为通水。

宋·傅寅： 王氏曰：导山者，导山之涧谷而纳之川也……叶氏曰：导山者，潴两山之川属之大川以同入于海……畎浍之水，不胜其记，故禹即山以表之……若夫条列之说、地脉之说、决怀襄之说、遂风土之说、皆无足取也。④（《禹贡说断》）

导山为通水。反对条列说、地脉说、决怀襄说、遂风土说等。

---

① 顾颉刚、刘起釪：《尚书校释译论》，北京：中华书局，2005 年，第 764 页。
② （清）纪昀、陆锡熊、孙士毅等：景印文渊阁四库全书，台北：台湾商务印书馆，1986 年，57-71。
③ 顾颉刚、刘起釪：《尚书校释译论》，北京：中华书局，2005 年，第 761 页。
④ （清）纪昀、陆锡熊、孙士毅等：景印文渊阁四库全书，台北：台湾商务印书馆，1986 年，57-70、71。

宋·黄伦：言导者，皆谓治山之水。水则无弥漫之患，唯有雍塞，故导之耳。[1]（《尚书精义》）

宋·吕祖谦：导山有二说，或以为随山通道以相视其源委脉络，或以为治山旁小水，二说当兼用。[2]（《书说》）

元·吴澄：北条河渭北境之山，北条之北也。岍、岐、荆、三山在渭北，北条之北之一也。雷首、太岳、底柱、析城、王屋、太行、恒山、碣石九山在河北，北条之北之二也。[3]（《书纂言》）

将蔡氏四境又再各分为二。

明·王樵：南条北条，即所谓南戒或北戒。江为南河，河为北河。南北两河，上应云汉，盖天文地理自然之分判也。于二之中又分为二焉。[4]

论横势，则先北而南；论纵势，则皆自西而东，义视王、郑始益精密。[5]（《尚书日记》）

从蔡氏二条四境说。

清·王夫之：夫导者有事之辞，水流而禹行之，云导可也。山峙而不行，奚云导哉，然者导者，为之道也。洪水被野，草木畅茂，下者沮洳潴停，轨迹不通，禹乃循山之麓，因其高燥，刊木治道以通行旅，刊旅之云，正导之谓矣。"[6]（《尚书稗疏》）

---

① 顾颉刚、刘起釪：《尚书校释译论》，北京：中华书局，2005年，第761页。

② 顾颉刚、刘起釪：《尚书校释译论》，北京：中华书局，2005年，第761页。

③ 顾颉刚、刘起釪：《尚书校释译论》，北京：中华书局，2005年，第764页。

④ 顾颉刚、刘起釪：《尚书校释译论》，北京：中华书局，2005年，第765页。

⑤ 顾颉刚、刘起釪：《尚书校释译论》，北京：中华书局，2005年，第765页。

⑥ （清）纪昀、陆锡熊、孙士毅等：景印文渊阁四库全书，台北：台湾商务印书馆，1986年，66-38。

按：上文"梁州"章"蔡蒙旅平"，王引之《经义述闻》释："旅，道也。……旅平者，言二山道已平治也。……'九山刊旅'者，刊，除也。言九州名山皆已刊除成道也。"①与王夫之之说正合，今人刘起釪认为当时《稗书》尚未流传，王氏父子未及见，而所说竟同。

清·胡渭：导者，循行之谓。导山犹曰随山。……导山时尚未施工，先儒皆以此为通水，曰导山之涧谷而纳之川，殊失经旨。②

导山为循行、随山义，反对通水说。

清·崔述：导山凡两章，其山分四重……由北而南。河、渭以北为第一重，岍、岐至太岳为西干，厎柱至碣石为东干。……河渭以南为第二重，西倾以下为西干，熊耳以下为东干。淮汉以南为第三重，嶓冢为西干，内方为东干。江南为第四重，惟岷山一干耳。③

提出了四重说，每重分为东西二干。

清·孙星衍：史公"导"作"道"者，扬子《法言》："道，治也。"字与导通。④

辛树帜：王夫之氏释"导山"最有识见……《禹贡》"刊木"和"导九山"，千古无确论，明末王夫之氏才作出正确解释。⑤（《禹贡新解》）

王世舜：导，疏通……顾颉刚先生说："导水必先导山，岍、岐、荆三山皆在雍州区域内，雍州地高，又是汧水所出，岐、荆为漆、沮与渭水所经，所以先

---

① 顾颉刚、刘起釪：《尚书校释译论》，北京：中华书局，2005年，第762页。

② （清）胡渭：《禹贡锥指》，上海：上海古籍出版社，2013年，第339页。

③ 顾颉刚、刘起釪：《尚书校释译论》，北京：中华书局，2005年，第765页。

④ （清）孙星衍：《尚书今古文注疏》，北京：中华书局，2017年，第183页。

⑤ 顾颉刚、刘起釪：《尚书校释译论》，北京：中华书局，2005年，第762页。

自岍、岐说起。"（《中国古代地理名著选读》第 33 页）^①

导山为导水。

曾运乾：以下四节言导山，即言山脉也。^②

屈万里：（治山）从岍山开始。^③

樊东：导：通导，开通道路……疏导岍山和岐山之间的道路，一直到荆山……^④

黄怀信：导：循着，沿着……随山刊木的路线：沿岍山山脉到岐山，再到北荆山。……^⑤

编者按

导，《史记》作"道九山"，以"岍及岐至于荆山"作为本章的开端，《汉志》作"道"，五"九山"二字，以"导岍及岐"作为始句。《经典释文》云："道，音导，从首起也。"^⑥可知陆德明据伪古文本尚作"道"，至唐卫包始改作"导"，《唐石经》及今流传的刊本皆用之。

唐司马贞《史记索隐》："汧、壶口、砥柱、太行、西倾、嶓冢、内方、岐（当作汶，即岷），是九山也。"^⑦"九山"本是指很多的山，司马迁"道九山"，就是将这一章九个"至于"所叙之山综合概括为九山。

---

① 王世舜、王翠叶：《尚书》，北京：中华书局，2021 年，第 77 页。
② 曾运乾：《尚书正读》，上海：华东师范大学出版社，2011 年，第 77 页。
③ 屈万里：《尚书今注今译》，上海：上海辞书出版社，2021 年，第 56 页。
④ 樊东：《尚书译注》，北京：北京联合出版公司，2018 年，第 35-36 页。
⑤ 黄怀信：《尚书注训》，济南：齐鲁书社，2002 年，第 76-77 页。
⑥ 顾颉刚、刘起釪：《尚书校释译论》，北京：中华书局，2005 年，第 760 页。
⑦ 顾颉刚、刘起釪：《尚书校释译论》，北京：中华书局，2005 年，第 761 页。

一、"导"，伪孔云："更理说所治山川首尾所在，治山通水，故以山名之。"[①] 颜师古注《汉志》、孔疏等皆承其说而阐扬之，释之为"治山通水"义，傅寅《禹贡说断》引王安石《新经义》云："导山者，导山之涧谷而纳之川也。"[②] 林之奇《全解》云："《书》本为治水而作，其言所导之山，盖主于决怀襄之水而为言也。"[③] 薛季宣认为《周礼》记两山之间必有川，《书序》"禹别九州，随山浚川"，是"禹之行山，利道其水。"[④] 傅寅《说断》引王安石云："导山者，导山之涧谷而纳之川也"，引叶梦得云："导山者，濬两山之川属之大川以同入于海……畎澮之水，不胜其记，故禹即山以表之。"[⑤] 黄伦认为："言导者，皆谓治山之水。山则无弥漫之患，唯有雍塞，故导之耳。"[⑥] 吕祖谦认为："导山有二说，或以为随山通道以相视其源委脉络，或以为治山旁小水，二说当兼用。"[⑦] 此外，今人王世舜认为"导"为疏通义，引顾颉刚云："导水必先导山，岍、岐、荆"三山皆在雍州区域内，雍州地高，又是汧水所出，岐、荆为漆、沮与渭水所经，所以先自岍、岐说起。"[⑧] 凡此种种，皆是说导山是为了通水，无论怀襄大水或山涧小川皆因导山而通洩之。

二、傅寅《说断》引张九成《尚书详说》云："山而言之导者，以向者洪水滔天，首尾不辨，今水患既除，使山川复其本性，随山之势，穷极其首尾，

① （唐）孔颖达：《尚书正义》，上海：上海古籍出版社，2021年，第226页。
② 顾颉刚、刘起釪：《尚书校释译论》，北京：中华书局，2005年，第761页。
③ 顾颉刚、刘起釪：《尚书校释译论》，北京：中华书局，2005年，第761页。
④ 顾颉刚、刘起釪：《尚书校释译论》，北京：中华书局，2005年，第761页。
⑤ （清）纪昀、陆锡熊、孙士毅等：景印文渊阁四库全书，台北：台湾商务印书馆，1986年，57-70、71。
⑥ 顾颉刚、刘起釪：《尚书校释译论》，北京：中华书局，2005年，第761页。
⑦ 顾颉刚、刘起釪：《尚书校释译论》，北京：中华书局，2005年，第761页。
⑧ 王世舜、王翠叶：《尚书》，北京：中华书局，2021年，第77页。

以遂其风土之宜，此言导之意也，岂特导水云乎哉。"①"导"不仅仅在导水，有随山之势，穷极其首尾，以遂其风土之宜的意思；胡渭认为"导"为循行之谓，导山为随山；今人黄怀信谓"导"为循着，沿着，照应开头的"随山刊木"；孙星衍引扬雄《法言》将"道"作治，今人屈万里谓"（治山）从岍山开始。"②

以上皆就"导"字有的几种解释。《禹贡汇疏》引朱熹云："每州各言境内山川，首尾不相连贯，且自东而西，非自然之形势。故于此通贯九州山川，连贯首尾；更从西而东，以著自然之形势。"③"导"在这里是通贯、连贯的意思。就九州的自然形势寻其条理系统者，较早见于唐司马贞《史记索隐》中所引材料，其云《地理志》中记北条荆山，马融分为三条：汧为北条，西倾为中条，嶓冢为南条；郑玄分为四列：汧为阴列、西倾次阴列、嶓冢阳列、岐山次阳列；孔疏云马融、王肃皆作三条，郑玄以为四列，并举四列，然引嶓冢次阳列、岷山正阳列正与司马贞所述相反，并云伪孔"亦当为三条也"，然伪孔并未言三条，但分别注明此诸山各在河州；唐僧人一行提出两戒说，认为"天下山河之象，存乎两戒"，将中国的山脉按南北两大系区分：北纪以三危、积石为首，实际以古人所理解的河源为首；南纪以岷山、嶓冢为首，实际以古人所理解的江源为首。《汇疏》书首页所附《一行山河两戒图》，就是于北戒开端处为河源，南戒开端处为江源。

苏轼提出了山脉说，其云："随山者，随其地脉而究其终始也。"认为地之有山犹人之有脉，是比较有见地的说法，然林之奇反对此说，其认为《书》本为治水而作，其言所导之山，主要是为决怀襄之水而为言，"不应以地脉言"；傅寅认为导山为通水，条列说、决怀襄说、遂风土说等"皆

---

① （清）纪昀、陆锡熊、孙士毅等：景印文渊阁四库全书，台北：台湾商务印书馆，1986年，57-71。

② 屈万里：《尚书今注今译》，上海：上海辞书出版社，2021年，第56页。

③ 顾颉刚、刘起釪：《尚书校释译论》，北京：中华书局，2005年，第762页。

无足取";蔡沈以导山作随山,认为经以高大广博者书之,以见施工之次第,且故意牵合术士堪与风水之说反对地脉说,其承朱熹的《语类》认为每州境内的山川,首尾不相连贯,自东而西,并非自然之势,云"寻脉踏地如后世风水之流耶。"① 山之成脉本是由客观的地壳运动所形成的,今天地理学上的"山脉"一词实际上也由苏轼始倡而来,虽然古人所指某山与某山为一脉不一定正确,但并不影响山脉说的科学性,这些儒生的反对山脉说,实属无知。

朱、蔡反对地脉及王、郑条列说,但却提出了自己的二条说。朱熹认为"导山自北而南,据导字分南北二条,而江河为之纪。"②《蔡传》承其说,进而于二之中又各分为二。其下文即分:"北条大河北境、北条大河南境;南条江汉北境,南条江汉南境。"③ 王夫之《尚书稗疏》议之云:"王、郑以三条四列分之,蔡氏辨其非,是也。而蔡氏南北二条复分为二,则亦与王、郑之说,相去无几。"④

元人吴澄的《书纂言》将《蔡传》四境又一分为二,如其将《蔡传》北条大河北境又分为(岍、岐、荆)北条之北之一、(雷首、太岳、底柱、析城、王屋、太行、恒山、碣石九山在河北)北条之北之二;明人王樵将两戒作两条,谓"南条北条,即所谓南戒北戒",分别以江、河为纪,但于二之中又分为二,即横势,先北而南,论纵势则皆自西而东,比王、郑之说"始益精密"。清人崔述提出了四重说,他认为:"河、渭以北为第一重,岍、岐至太岳为西干,底柱至碣石为东干。……河渭以南为第二重,西倾以下为西干,熊耳以下为东干。淮汉以南为第三重,嶓冢为西干,内方为东干。江

---

① 顾颉刚、刘起釪:《尚书校释译论》,北京:中华书局,2005 年,第 764 页。
② 顾颉刚、刘起釪:《尚书校释译论》,北京:中华书局,2005 年,第 764 页。
③ 顾颉刚、刘起釪:《尚书校释译论》,北京:中华书局,2005 年,第 764 页。
④ 顾颉刚、刘起釪:《尚书校释译论》,北京:中华书局,2005 年,第 764 页。

南为第四重，惟岷山一干耳。"① 重为南北，每重又分东西两干。

以上皆是在探索《禹贡》所叙山脉的体系，由汉儒提出的三条、四列说，然后历代研究者都遵循着这些框框继续探求，郑玄、朱熹、蔡沈、吴澄、崔述等人虽分名异然实质相同，只是略有差异而已，都是将我国山脉依南北二条共分为四个山系，即北条北列，北条南列，南条北列，南条南列，这是综括大多数的分法。

至明末清初的王夫之，始云三条四列皆非《禹贡》原意，认为"以我测经，不若以经释经之为当"②，其从"导"释义出发，认为"导者，有事之辞。水流而禹行之，云导可也；山峙而不行，奚云导哉？然则导者，为之道也。"③ "导"为道路的意思；当时"洪水被野，草木畅茂，下者沮洳潴停，轨迹不通，禹乃循山之麓，因其高燥，刊木治道以通行旅，刊旅之云，正导之谓矣。"④ "导"为刊木治道以通行旅，照应前文"禹随山刊木"，亦下文之"九山刊旅"，切合《禹贡》主旨。其所载"九山者，一、岍为首，而属岐、荆；二、壶口为首，而属雷首、太岳；三、厎柱为首，而属析城、王屋、太行；四、恒山为首，而属碣石；五、西倾为首，而属朱圉、鸟鼠、太华；六、熊耳为首，而属外方、桐柏、陪尾；七、嶓冢为首，而属荆山；八、内方为首，而属大别；九、岷山为首，而属衡山；过九江而属敷浅原者，九山之余也。"⑤ 此九山，否定了王、郑的三条四列之说。

---

① 顾颉刚、刘起釪：《尚书校释译论》，北京：中华书局，2005 年，第 765 页。

② （清）纪昀、陆锡熊、孙士毅等：景印文渊阁四库全书，台北：台湾商务印书馆，1986 年，66-38。

③ （清）纪昀、陆锡熊、孙士毅等：景印文渊阁四库全书，台北：台湾商务印书馆，1986 年，66-38。

④ （清）纪昀、陆锡熊、孙士毅等：景印文渊阁四库全书，台北：台湾商务印书馆，1986 年，66-38。

⑤ （清）纪昀、陆锡熊、孙士毅等：景印文渊阁四库全书，台北：台湾商务印书馆，1986 年，66-38。

其文中又云："青、兖、徐、扬或本无山，即有山而亦为孤峦，不能取道。雍、冀、豫、梁、荆则山相连属，附其麓而可届乎远，乃以崖壑崟歆，草木荒塞，振古而为荒术。禹乃刊除平夷，始成大道。由西迄东，其道凡九也。"下文就具体列举了这九条大道："岍、岐、荆虽三山而为渭北之道"，"壶口、雷首、太岳三山为河东之道"，"底柱、析城、王屋、太行四山而为河北之道"，"恒山而东（应为太行恒山而东）……尽于碣石……其为幽燕之道"，"西倾、朱圉、鸟鼠以达太华丛山之以名著者四，而为关西渭南之道"，"熊耳、外方、桐柏、陪尾，起豫抵荆，而为雒南楚塞之道"，"嶓、荆千余里，而为汉南蜀北之道"，"内方、大别相去无几，而得名一山者，江汉下湿，赖此道以通荆土，故为汉南江北之道"，"岷山之阳……达于衡山……其间虽纡回数千里，而山势相接，有通谷巨壑以达之，其为川湖之道。"[①]辛树帜先生《禹贡新解》中认为此"九道"即西周所开的九条国道，因而他主张《禹贡》写成于西周时期。因第一条"渭北之道"绕丰、镐西北，第五条"关西渭南之道"绕丰镐西南，第三条"河北之道"在雒邑北面通向东北，第六条"雒南楚塞之道"在雒邑南面通向东南。认为道（治）这四条山脉和西周两京四周交通有着密切关系，因而辛先生文中云："若将西周所开的这九条国道的作用，用当时历史事实一一证明……就可知道王夫之这一发现的伟大了。"[②]

今人刘起釪认为"王夫之就导山章本文括出这九条山系，进而由山系得出的几条大道，是深有见地的。我们可以循王氏说理解导山章所叙述的古人所获知的华夏大地上的九条山系。但是自汉代以来一些学者企图将这些山归纳成几条几列的体系，各作尝试，虽然还较粗糙而未成熟，总之反映了'导山章'是第一次按山势对我国山脉进行了一次初步的科学清理。"[③]

① （清）纪昀、陆锡熊、孙士毅等：景印文渊阁四库全书，台北：台湾商务印书馆，1986年，66-39、40。
② 顾颉刚、刘起釪：《尚书校释译论》，北京：中华书局，2005年，第767页。
③ 顾颉刚、刘起釪：《尚书校释译论》，北京：中华书局，2005年，第767页。

逾于河

东晋·伪孔： 此谓梁山。龙门西河。[1]

唐·孔疏： "逾于河"，谓山逾之也。此处山势相望，越河而东，故云此谓龙门西河，言此处山不绝，从此而渡河也。[2]

谓山逾河。

宋·苏轼： 北条山道，起岍、岐而逾于河以至太岳，东尽碣石以入于海，是河不能绝也；南条之山，自嶓冢、岷山至于衡山，过九江至于敷浅原，是江不能绝也。[3]

山逾于河、江。

宋·林之奇： 夫山者静而不动之物，安得逾于河入于海过九江乎？此一段文义甚明白，以先儒有三条、四列之说，必欲以众山首尾相属，故其说多牵强而不通。[4]

认为山非活动之物，不能逾江海过九江，以"三条"、"四列"说、众山首尾相属说等解释亦牵强不通。

宋·吕祖谦： 人逾，非山逾。[5]（《书说》）

宋·蔡沈： 逾者，禹自荆山而过于河也。孔氏以为荆山之脉逾河而为壶口、

---

① （唐）孔颖达：《尚书正义》，上海：上海古籍出版社，2021 年，第 226 页。

② （唐）孔颖达：《尚书正义》，上海：上海古籍出版社，2021 年，第 226 页。

③ （清）纪昀、陆锡熊、孙士毅等：景印文渊阁四库全书，台北：台湾商务印书馆，1986 年，54-527。

④ （清）纪昀、陆锡熊、孙士毅等：景印文渊阁四库全书，台北：台湾商务印书馆，1986 年，55-184。

⑤ 顾颉刚、刘起釪：《尚书校释译论》，北京：中华书局，2005 年，第 769 页。

雷首者，非是。①

　　"逾"者为禹。

　　宋·傅寅： 张氏曰：北条荆山首自岍岐，东绝西河而北，虽河不能隔断也。吕氏曰人逾非山逾。非山逾亦非人逾，禹所记之言然耳，盖在河之西，导此等山过河之东，与北则导彼等山，非导岐荆既毕而后始涉河以导壶口也。冀州既载，壶口治梁及岐，是治水越河而西，经文明甚，学者将信经文乎？将从臆说乎？②

　　张氏认为是山逾于河，吕祖谦认为是人逾，傅氏则认为非山逾亦非人逾，而是禹随山濬川所记之言。

　　元·王充耘： 旧说以为山逾河者，固非是。今传者以为禹逾于河，似矣。而下文至于碣石入于海，岂亦禹入海耶？③

　　既非山逾于河，亦非禹逾于河。

　　明·郑晓： 大禹随山，首于雍州岍岐荆三山……禹于是而逾河者，雍、冀之间，河流间断，禹自雍之东境，而入冀之西境也。④

　　禹逾河。

　　清·王鸣盛： 逾于河，谓山逾之也。此处山势相望，越河而东。⑤

　　山逾河。

　　清·崔述： 导水诸章云：至于……云入者，皆水也，非禹也，何独导山诸

---

① （宋）蔡沈：《书集传》，南京：凤凰出版社，2010年，第58页。
② （清）纪昀、陆锡熊、孙士毅等：景印文渊阁四库全书，台北：台湾商务印书馆，1986年，57-71。
③ 顾颉刚、刘起釪：《尚书校释译论》，北京：中华书局，2005年，第770页。
④ 顾颉刚、刘起釪：《尚书校释译论》，北京：中华书局，2005年，第769页。
⑤ （清）王鸣盛：《尚书后案》，北京：北京大学出版社，2012年，第175页。

章则至为禹至之；……逾为禹逾之哉！……冀南之山显然自雍豫东，伪传之说是也。……经之"逾于河"当属山，不当属禹，明矣。[①]

> 下文"导水"章入于海者皆水，非禹，此"导山"章亦不应为禹，当如孔传所说，"逾于河"者为山。

清·胡渭： 禹首导此三山，而逾河以抵壶口，则冀州之所先治者，其规画早定于胸中矣。[②]

> "逾于河"者为禹。

清·王先谦： "逾于河"谓山逾之也，此处地势相望，越河而东。[③]

李长傅： 逾，越也；逾于河，即从荆山越过河。[④]

> 谓禹逾河。

曾运乾： 山绝流曰"逾"，与贡程绝水登陆曰"逾"有别。此由陆绝流，彼由水登陆也。又导山言"逾"，亦与言"过"有别。荆山逾河，言绝流也；衡山过九江，言经其源也。[⑤]

> "逾"指山断绝河水。

屈万里： 荆山东接黄河，一若山越河而过者，故云逾于河。[⑥]

江灏、钱宗武： 到达荆山、越过黄河。[⑦]

---

① 顾颉刚、刘起釪：《尚书校释译论》，北京：中华书局，2005年，第770页。

② （清）胡渭：《禹贡锥指》，上海：上海古籍出版社，2013年，第339页。

③ （清）王先谦：《尚书孔传参正》，北京：中华书局，2011年，第306页。

④ 李长傅：《禹贡释地》，商丘：中州书画社，1982年，第95页。

⑤ 曾运乾：《尚书正读》，北京：中华书局，2015年，第73页。

⑥ 顾颉刚、刘起釪：《尚书校释译论》，北京：中华书局，2005年，第770页。

⑦ 江灏、钱宗武：《今古文尚书全译》，贵阳：贵州人民出版社，1990年，第84页。

谓禹逾河。

王世舜： 逾指山断绝了河水，与上文贡道所说的逾有分别，在那里，逾是舍舟登陆的意思。[①]

黄怀信： （禹）沿岍山山脉到岐山，再到北荆山。渡过黄河。[②]

樊东： （大禹）疏导岍山和岐山之间的道路，一直到荆山。渡过黄河。[③]

⋮⋮ 编者按

"导岍及岐，至于荆山，逾于河"，对"逾于河"，经师们争议纷纭，大致而言，分为两说，即山逾还是人逾。

一、伪孔笼统的说："此谓梁山。龙门西河。"[④] 孔疏阐释伪孔，认为"逾于河，谓山逾之也。"此地山势相望，越河而东，故云龙门西河，"此处山不绝，从此而渡河。"[⑤] 苏轼认为北条山道"是河不能绝"，南条之山，"是江不能绝"，还是山逾河江的意思；傅寅《禹贡说断》引张九成云："北条荆山首自岍岐，东绝西河而北，虽河不能隔断也。"[⑥] 清人王鸣盛亦认为："逾于河，谓山逾之也。此处山势相望，越河而东。"[⑦] 崔述引下文"导水章"云："至于……云入者，皆水也，非禹也，何独导山诸章则至为禹至之"，故认为经之"逾于河"当属山，不当属禹；此外，

---

① 王世舜：《尚书译注》，聊城：山东师范学院聊城分院中文系古典文学教研室，1979 年，第 106 页。

② 黄怀信：《尚书注训》，济南：齐鲁书社，2002 年，第 77 页。

③ 樊东：《尚书译注》，北京：北京联合出版公司，2018 年，第 36 页。

④ （唐）孔颖达：《尚书正义》，上海：上海古籍出版社，2021 年，第 226 页。

⑤ （唐）孔颖达：《尚书正义》，上海：上海古籍出版社，2021 年，第 226 页。

⑥ （清）纪昀、陆锡熊、孙士毅等：景印文渊阁四库全书，台北：台湾商务印书馆，1986 年，57-71。

⑦ （清）王鸣盛：《尚书后案》，北京：北京大学出版社，2012 年，第 175 页。

清人王先谦等亦持此说。

二、"逾"为人逾。至宋儒，纷纷反对前儒山逾之说。如林之奇认为"山者静而不动之物，安得逾于河入于海过九江乎？"前儒有三条、四列之说，"必欲以众山首尾相属"①，为牵强不通之论；其门人吕祖谦《书说》亦云："人逾，非山逾。"②蔡沈认为"逾者"，是"禹自荆山而过于河也。"③明人郑晓为宋元此说寻释禹之所以逾河云："大禹随山，首于雍州岍岐荆三山"，"于是而逾河者"，因"雍、冀之间，河流间断"，逾河后，"禹自雍之东境，而入冀之西境也。"④胡渭则认为"禹首导此三山"，之后逾河抵达壶口，这样冀州可以先治，此是禹的规划。此外，今人李长傅、江灏、钱宗武、黄怀信、樊东等亦皆持此说。

三、傅寅《说断》认为"非山逾亦非人逾"，王充耘认为"旧说以为山逾河者，固非是"，今传者又多以为是禹逾河，"似矣"，然下文有"至于碣石入于海，岂亦禹入海耶？"⑤反驳了山逾说和人逾说。今人曾运乾认为"山绝流曰'逾'"，"荆山逾河，言绝流也。"⑥王世舜认为"逾指山断绝了河水"⑦，屈万里云："荆山东接黄河，一若山越河而过者，故云逾于河。"⑧这是符合《禹贡》原意的。

---

① （清）纪昀、陆锡熊、孙士毅等：景印文渊阁四库全书，台北：台湾商务印书馆，1986年，55-184。
② 顾颉刚、刘起釪：《尚书校释译论》，北京：中华书局，2005年，第769页。
③ （宋）蔡沈：《书集传》，上海：凤凰出版社，2010年，第58页。
④ 顾颉刚、刘起釪：《尚书校释译论》，北京：中华书局，2005年，第769页。
⑤ 顾颉刚、刘起釪：《尚书校释译论》，北京：中华书局，2005年，第770页。
⑥ 曾运乾：《尚书正读》，上海：华东师范大学出版社，2011年，第78页。
⑦ 王世舜：《尚书译注》，聊城：山东师范学院聊城分院中文系古典文学教研室，1979年，第106页。
⑧ 顾颉刚、刘起釪：《尚书校释译论》，北京：中华书局，2005年，第770页。

壶口、雷首至于太岳；厎柱、析城至于王屋；太行、恒山至于碣石，入于海。

雷首

汉·马融：首阳山在蒲坂河曲之中。①

河曲即今山西忻州市。

汉·班固：河东郡蒲反（今永济东南五里）：雷首山在南。②（《汉志》）

永济，今山西运城市，雷首山在市东南五里。

东晋·伪孔传：三山在冀州。③

北魏·郦道元：雷首临大河，北去蒲坂三十里，俗亦谓之尧山。④

雷首山又名尧山，在山西蒲坂（反），蒲坂一般即永济（山西运城市）。

唐·孔颖达：《地理志》云，……雷首在河东蒲坂县南，……是"三山在冀州"。⑤

唐·李泰：蒲州河东郡（即汉蒲反县）雷首山，一名中条山，亦名历山，亦名首阳山，亦名襄山，亦名甘枣山，亦名猪山，亦名独头山，亦名薄山，亦名吴山。此山西起雷首，东至吴坂，长数百里，随地异名（此二句为《锥指》所引本有之），随州县分之。⑥（《括地志》）

雷首山在山西，有中条山、历山、首阳山、襄山、甘枣山、猪山、独头

---

① （清）胡渭：《禹贡锥指》，上海：上海古籍出版社，2013年，第344页。
② 李长傅：《禹贡释地》，商丘：中州书画社，1982年，第96页。
③ （唐）孔颖达：《尚书正义》，北京：北京大学出版社，1999年，第158页。
④ 李长傅：《禹贡释地》，商丘：中州书画社，1982年，第96页。
⑤ （唐）孔颖达：《尚书正义》，北京：北京大学出版社，1999年，第158页。
⑥ 李长傅：《禹贡释地》，商丘：中州书画社，1982年，第96页。

山、薄山、吴山等不同的山名，随州县异名。

北宋·乐史：首阳山，即在雷首山南阜也。[①]（《太平寰宇记》）

首阳山是雷首山南之山，山南曰阳。

南宋·蔡沈：雷首，《地志》在河东郡蒲坂县南，今河中府河东县也。[②]

雷首山在河东县（今山西省西南部）。

清·胡渭：雷首山在今蒲州南。一名首阳山，《诗·唐风》"采苓采苓，首阳之巅"，《论语》伯夷、叔齐饿于首阳之下。马融曰首阳山在蒲坂河曲之中。《寰宇记》云：首阳即雷首之南阜也。或称首山，《汉（书）·地理志》蒲反有首山祠。《郊祀志》黄帝采首山铜即此。亦称独头山，阚骃曰：首阳山一名独头山，夷、齐所隐也。又名襄山，《穆天子传》云：东巡自河首襄山。又名薄山，《穆天子传》云登薄山寘軨之隥，《史记·封禅书》云：薄山者，襄山也。又名尧山，《汉（书）·地理志》蒲反有尧山。《水经注》云：雷首山临大河，北去蒲坂三十里，俗亦谓之尧山也。又名中条山，《元和志》云：雷首一名中条，在河东县南十五里，永乐县北三十里。《寰宇记》云：中条山在芮城县北十五里，亦曰薄山也。又名陑山，《寰宇记》云：尧山在河东县南二十八里，即雷首山，山有九名，亦即陑山。汤伐桀升自陑，注在河曲之南，即此也。《括地志》云：此山西起雷首，东至吴坂，长数百里，随地异名。《通典》云：雷首在今河东县。此山凡有八名：历山、首阳山、薄山、襄山、甘枣山、中条山、渠猪山、独头山也。《蒲州新志》：首阳山在州南四十五里。又中条山在州东南十五里，山狭而长，西起雷首，迤逦而东，直接太行，南跨芮城、平陆，北跨临晋、解州、安邑、夏县、闻喜、垣曲诸境，凡数百里。中条之北有数峰，攒立拱对，州城在州南十五里，中高旁下，俗名为笔架山。又南五里为八盘山。又南十里为麻谷山。又南为

---

① 李长傅：《禹贡释地》，商丘：中州书画社，1982 年，第 96 页。

② （宋）蔡沈：《书集传》，上海：凤凰出版社，2010 年，第 58 页。

凤凰山，去州七十里，与潼关相对，为中条南麓尽处。今按雷首之脉为中条，东尽于垣曲，王屋在焉。禹至此顾不东行，而北抵太岳，盖以帝都为急也。①

　　胡氏通过梳理《诗经》、《论语》、《太平寰宇记》、《汉志》、《汉书·郊祀志》、《水经注》、阚骃、《穆天子传》、《史记·封禅书》、《元和志》、《括地志》、《通典》、《蒲州新志》等记载，指出雷首山在今蒲州（山西运城市）南部地区，又名首阳山、首山、独头山、襄山、薄山、尧山、中条山、陌山、历山、甘枣山、渠猪山、笔架山、八盘山、麻谷山、凤凰山等等，《括地志》中云此山西起雷首，东至吴坂，长数百里，随地异名，可知上述山名为雷首山在不同区域的不同称呼。

郭仁成：《地理今释》："雷首山，《括地志》云：此山西起雷首，东至吴坂，长数百里，随地异名。《通典》云，雷首在河东县，此山凡有八名：历山、首阳山、蒲山、襄山、甘枣山、中条山、渠猪山、独头山也。"案：河东县在今山西永济蒲州镇；吴坂即吴山，在今山西运城县旧安邑东南。②

　　唐杜佑《通典》记雷首山有历山、首阳山、蒲山、襄山、甘枣山、中条山、渠猪山、独头山等八名，与《括地志》稍异。

樊东：雷首：山名，即中条山。③

黄怀信：雷首：山名，即中条山。④

王世舜、王翠叶：雷首：山名。在山西永济东南。⑤

① （清）胡渭：《禹贡锥指》，上海：上海古籍出版社，2013 年，第 344-345 页。
② 郭仁成：《尚书今古文全璧》，长沙：岳麓书社，2006 年，第 61 页。
③ 樊东：《尚书译注》，北京：北京联合出版公司，2018 年，第 35 页。
④ 黄怀信：《尚书注训》，济南：齐鲁书社，2002 年，第 77 页。
⑤ 王世舜、王翠叶：《尚书》，北京：中华书局，2021 年，第 78 页。

⁞⁞⁞ **编者按**

雷首，山名。《汉志》云雷首山在河东郡蒲反（坂）（今永济东南五里），即今山西运城市的东南；马融认为三山（壶口、雷首、太岳）皆在冀州，蒲坂县古属冀州，故二说一致，历代学者亦皆持此说；胡渭《锥指》通过梳理历代典籍记载，认为雷首山名称多样：一名首阳山，即《诗经·唐风》"采苓采苓，首阳之巅"之首阳，亦是伯夷、叔齐所被饿死之首阳，亦是马融说的蒲坂河曲中之首阳；一名首山，《汉志》中记蒲反有首山祠；《史记《汉书》中记黄帝采首山铜，即《禹贡》雷首山；亦名独头山；亦名襄山、薄山、尧山、中条山、陑山；《括地志》认为此山西起雷首，东至吴坂，长数百里，随地异名，并列了中条山、历山、首阳山、襄山、甘枣山、猪山、独头山、薄山、吴山等九种名称；《通典》认为此山共八名，对比《括地志》，少了吴山，且猪山改为渠猪山；清《蒲州新志》记山西起雷首，迤逦而东，直接太行，南边经过了芮城、平陆，北跨临晋、解州、安邑、夏县、闻喜、垣曲等县，凡数百里；且中条山北有笔架山、南有八盘山、麻谷山、凤凰山，凡此山名，皆可视作雷首山在不同地区的不同称呼。

恒山

汉·司马迁： 常山。[1]

汉·班固： 常山郡上曲阳，恒山北谷在西北，有祠，并州山。《禹贡》恒水所出，东入滱。[2]

恒山在常山郡上曲阳西北。

唐·孔颖达：《地理志》云：……恒山在常山上曲阳县西北。[3]

---

① 顾颉刚、刘起釪：《尚书校释译论》，北京：中华书局，2005 年，第 774 页。
② （清）孙星衍：《尚书今古文注疏》，北京：中华书局，2017 年，第 184 页。
③ （唐）孔颖达：《尚书正义》，北京：北京大学出版社，1999 年，第 158 页。

同于《汉志》之说。秦始皇元年（前221）设曲阳县（河北曲阳县城西2公里处）……汉文帝元年（前179）曲阳加"上"字，始称"上曲阳"，属常山郡。

宋·蔡沈：《地志》在常山郡上曲阳县西北，今定州曲阳也。[①]

同于《汉志》之说。

清·胡渭：《舜典》：十有一月，朔，巡守至于北岳。《传》云：北岳恒山。《周礼》：正北曰并州，其山镇曰恒山。注云：在上曲阳。《尔雅》：恒山为北岳。《管子》曰：恒山北临代，南俯赵。《汉书》：恒山北岳在常山郡上曲阳县西北，有祠。并州山。张晏曰：恒山在西，避文帝讳，故改曰常山。武帝元鼎三年，常山王徙，然后北岳在天子郡内。天汉三年，泰山修封，还过祠常山，瘗玄玉。宣帝神爵元年，祠北岳常山于上曲阳，隋改曲阳曰恒阳，故其《志》云恒阳县有恒山。又滋阳县有大茂山。韩琦岳庙碑云：恒山一名大茂山也。在今阜平县东北七十里，接曲阳界，乃恒山之脊，俗名神尖。石晋与契丹分界处。今阜平、曲阳、唐县，皆缘大茂之麓。《括地志》云：恒山在恒阳县西北一百四十里。《元和志》云：汉改恒山为常山。至周武平齐，复曰恒山。《唐地理志》：元和十五年更恒岳曰镇岳。《名山记》云：恒山高三千九百丈，上方三十里。沈括《笔谈》云：北岳谓之大茂山，岳祠旧在山下，祠中多唐人故碑。晋王存勖灭燕，还过定州，与王处直谒岳庙是也。石晋之后，稍迁近里，今其地谓之神棚，新祠之北，有望岳亭，新晴气清，则望见大茂山。今按阜平县在真定府西北二百十里，……大茂山在县东北七十里，与《括地志》所指为恒山者，道里相符。盖大茂乃北岳之绝顶，旧祠在其下，故举此以表恒山也。[②]

历代古籍如《舜典》、《传》、《周礼》注、《尔雅》、《汉书》等皆有关于恒山的记载，到了汉文帝时，为避刘恒讳，改为常山，汉武帝、宣帝

---

① （宋）蔡沈：《书集传》，南京：凤凰出版社，2010年，第58页。
② （清）胡渭：《禹贡锥指》，上海：上海古籍出版社，2013年，第350页。

时，还祠常山；北周武帝时，常山复曰恒山；隋朝时还改曲阳为恒阳；此外，恒山又名大茂山、神尖，在滋阳县，与曲阳县相邻，为恒山之脊，宋辽时为两国分界处，《梦溪笔谈》中记大茂山祠中多唐人故碑。

大同府浑源州南二十里亦有恒山。《水经注》云：崞县南面玄岳。即此山也。……古北岳恒山，历代史志皆云在上曲阳，并无异论。自宋世以恒山没于辽，从曲阳望祀之。因废曲阳之恒山，而指此为禹迹。近志谓与在曲阳西北者实一山，然州距大茂约三百余里，虽或峰峦相接，未可强合为一也。……金世宗大定间，或言今既都燕，当别议五岳名，不得仍前代，太常卿范拱辄援崧高疏数语以对，事遂寝。明弘治六年，兵部尚书马文升建言北岳当改祠浑源，下礼部议。侍郎倪岳持不可，乃止修浑源州旧庙。而祭祀仍在曲阳。万历十六年，大同巡抚胡来贡疏请改北岳，沈文端鲤为宗伯，覆疏详驳，议者口塞。本朝顺治七年，始改祭祀于浑源。当其时惜无如范太常、沈宗伯引经史以正之者。①

古北岳恒山，历代史志皆云在上曲阳县，并无异议，宋时恒山为辽所占，金世宗大定间、明弘治六年、万历十六年，皆有官吏建议改祠北岳，然被有司阻拦，至顺治七年时，始改浑源玄岳为北岳。

清·皮锡瑞：今文一作"……常山"。《史记》作"常山"，《汉志》作"恒山"，……张晏曰："常山郡，恒山在西，避文帝讳，故改曰常山。"案：恒、常古通用，不尽由避讳。②

今文、《史记》作"常山"，《汉志》作"恒山"，元人张晏认为"恒山"盖"常山"，为避汉文帝刘恒讳，然皮氏认为古代恒、常通用，不一定都是由于避讳。

顾颉刚、刘起釪：山原在据该山定名的常山郡上曲阳县。见《汉志》该县下

---

① （清）胡渭：《禹贡锥指》，上海：上海古籍出版社，2013年，第352页。
② （清）皮锡瑞：《今文尚书考证》，北京：中华书局，2009年，第170页。

云："恒山，北岳，在西北。有祠。并州山，《禹直》恒水所出。"即今河北省曲阳县西北，处于太行山之东。其高岭名大茂山（《锥指》引《岳庙碑》。又《隋志》滋阳县有大茂山）。《锥指》并云大茂山"在阜平县东北七十里，接曲阳界，乃恒山之脊"。宋时恒山为辽所占，金世宗时以其在京城之南，遂议以晋北浑源境之玄岳山（见《水经注》云崞县南面玄岳）为北岳恒山，至清顺治七年正式定祭祀北岳于浑源，北岳恒山遂永在太行山北之山西省东北境。但尚未作为北岳的《禹贡》恒山，自当在河北省曲阳境。①

李长傅：恒山，《汉书·地理志》："常山郡上曲阳：恒山北谷在西北。"《水经禹贡山水泽地篇》："恒山为北岳，在上曲阳县西北。"（在今曲阳西北与阜平界），汉避文帝讳、改名常山。周武帝平齐，复名恒山，又名大茂山。《梦溪笔谈》："北岳恒山、一名大茂山，宋以大茂山与辽分界。"《水经注》称恒山为玄岳，又名阴岳、紫岳。宋代以恒山没于辽，徙曲阳县。明人定浑源县之玄岳为恒山，而秩祀尚在曲阳。清初始改岳祀于浑源。今恒山在浑源东南二十五里，高二千零五十二公尺。《清一统志》："恒山在曲阳县西北，一曰常山，亘保定府西境及大同府境。"这里将大茂、玄岳统称为恒山。②

江灏、钱宗武：（恒山）在河北曲阳县西北，古称北岳。③

屈万里：恒，山名，在今河北曲阳县西北，山西浑源县东南。④

黄怀信：恒山，又名大茂山，在今河北曲阳县西，属太行山北段。⑤

①　顾颉刚、刘起釪：《尚书校释译论》，北京：中华书局，2005 年，第 775 页。
②　李长傅：《禹贡释地》，商丘：中州书画社，1982 年，第 98 页。
③　江灏、钱宗武：《今古文尚书全译》，贵阳：贵州人民出版社，1990 年，第 84 页。
④　屈万里：《尚书今注今译》，上海：上海辞书出版社，2021 年，第 55 页。
⑤　黄怀信：《尚书注训》，济南：齐鲁书社，2002 年，第 77 页。

编者按

　　恒山，《史记》作"常山"，为避文帝刘恒讳，不过据皮锡瑞考证，古代恒、常通用，"不尽由避讳"；班固《汉志》云在恒山在常山郡上曲阳县，即今河北省曲阳县西北；恒山由汉武帝时定为北岳，《锥指》中记武帝、宣帝时曾祠北岳常山，北周武帝时，复名恒山；恒山又名大茂山，在阜平县（今河北省保定市）东七十里，接曲阳界，为恒山之脊，又名神尖，宋时恒山为辽所占，金世宗时以其在京城之南，遂议以晋北浑源境之玄岳山为北岳恒山，然遭到有司反对，直到顺治七年，才正式定祭祀北岳于浑源，北岳恒山遂永定于今太行山北之山西省东北境，《清一统志》："恒山在曲阳县西北，一日常山，亘保定府西境及大同府境。"① 这是将大茂山、玄岳统称为恒山，其实之间相距约三百余里，"虽或峰峦相接，未可强合为一也。"②

西倾、朱圉、鸟鼠至于太华。

朱圉

汉·班固： 天水郡冀县（今天水市西北）下云："《禹贡》朱圉山在县南梧中聚。"③

　　朱圉山在天水市冀县南。

东晋·伪孔传： 西倾、朱圉在积石以东。④

唐·孔疏： 《地理志》云……朱圉在天水冀县南。言"在积石以东"，见河所经也。⑤

---

① 李长傅：《禹贡释地》，商丘：中州书画社，1982年，第98页。
② （清）胡渭：《禹贡锥指》，上海：上海古籍出版社，2013年，第352页。
③ 顾颉刚、刘起釪：《尚书校释译论》，北京：中华书局，2005年，第775页。
④ （唐）孔颖达：《尚书正义》，北京：北京大学出版社，1999年，第158页。
⑤ （唐）孔颖达：《尚书正义》，北京：北京大学出版社，1999年，第158页。

唐·颜师古：圉读于围同。①

唐·杜佑：秦州上络县（今天水市）下云："有朱圉山，俗名曰白岩山。汉旧县。"②（《通典·州郡四》）

朱圉山又名白岩山，属天水市。

唐·李吉甫：朱圉山在伏羌县（今天水市西北甘谷县）西南六十里。③（《元和郡县志》）

宋·林之奇：朱圉在天水冀县南。④

宋·蔡沈：朱圉，《地志》在天水郡冀县南，今秦州大潭县也，俗呼为白岩山。⑤

清·周铣：朱圉山在县西南三十里。⑥（《伏羌县志》）

清·蒋廷锡："朱圉山在今陕西巩昌府伏羌县西南三十里。"案：伏羌县在今甘肃甘谷县。⑦（《地理今释》）

清·皮锡瑞：今文……"朱圉"一作"朱圉"。……《集解》："郑玄曰：'《地理志》朱圉在汉阳南。'……"《索隐》曰："圉，一作'圉'。"……段玉裁说："圉，《纪》、《志》皆同，而《汉志》'冀县'下作'圉'，则其前述《禹贡》亦必作'圉'。《夏本纪·索引》云：'圉，一作'圉'。盖皆后人依《尚书》改为'圉'也。"锡瑞谨案：圉、圉古通用。《左氏》定四年经"孔

---

① 顾颉刚、刘起釪：《尚书校释译论》，北京：中华书局，2005 年，第 775 页。
② 顾颉刚、刘起釪：《尚书校释译论》，北京：中华书局，2005 年，第 775-776 页。
③ 顾颉刚、刘起釪：《尚书校释译论》，北京：中华书局，2005 年，第 776 页。
④ （宋）林之奇：《尚书全解》，北京：人民出版社，2019 年，第 161 页。
⑤ （宋）蔡沈：《书集传》，南京：凤凰出版社，2010 年，第 59 页。
⑥ 顾颉刚、刘起釪：《尚书校释译论》，北京：中华书局，2005 年，第 776 页。
⑦ 郭仁成：《尚书今古文全璧》，长沙：岳麓书社，2006 年，第 62 页。

围"，《公羊经》作"孔围"。司马相如《上林赋》曰"灵围燕于闲馆"，《封禅书》曰"鬼神接灵围，宾于闲馆"，此通用之证。①

曾运乾： 朱围山，《汉志》在天水冀县，在今甘肃伏羌县。鸟鼠山……今甘肃渭源县西。据今地志，朱围在东，鸟鼠在西。自西而东，应先为鸟鼠，后朱围。经似误倒。王鸣盛云："以山脉言，朱围山绵亘于伏羌西南者甚众，可与鸟鼠错杂举之。"是也。②

黄怀信： 朱围（yǔ）：山名，在今甘肃甘谷县境。鸟鼠：山名，在今甘肃官堡南。按："鸟鼠"当在"朱围"上。③

王世舜、王翠叶： 朱围：山名。在甘肃甘谷西南，属于秦岭山脉。……胡渭《禹贡锥指》："吾尝亲经其山，在今伏羌县西南三十里，山色带红，石勒四大字曰'禹奠朱围'。"④

刘起釪： 是旧说大都以朱围山是汉天水郡之梧中聚的朱围山，其地在今甘肃天水市西北甘谷县西南三十里的渭水南境。近代学者王树枏始谓实即今甘肃卓尼，为一语之音转。其说间顾颉刚师《西北考察日记》"（28）卓尼、六月五日"所录云："《禹贡》朱围山，本说在甘谷县。前在《石遗室诗话》中见王树枏诗，谓卓尼即《禹贡》朱围之转音，若豬野之讹为居延；且其地有山殷然四合，形似朱围者；否则朱围反在鸟鼠之下，与《禹贡》导山次序不合。……寻之……至上卓尼，登山，此山自南望之，屹然一峰，诸山围之，色赤，宛若兽在围中，称以朱围固其当……山为上卓尼番民之山神，每年阴历五月十五日嗥经祭神，十里以内之人皆至。"其地在西倾山之东北。就西倾、朱围、鸟鼠自西而东北之顺序言，王氏之说甚是。⑤

---

① （清）皮锡瑞：《今文尚书考证》，北京：中华书局，2009 年，第 170 页。
② 曾运乾：《尚书正读》，上海：华东师范大学出版社，2011 年，第 79 页。
③ 黄怀信：《尚书注训》，济南：齐鲁书社，2002 年，第 77 页。
④ 王世舜、王翠叶：《尚书》，北京：中华书局，2021 年，第 78 页。
⑤ 顾颉刚、刘起釪：《尚书校释译论》，北京：中华书局，2005 年，第 776 页。

编者按

"朱圉"，皮锡瑞《考证》云今文作"朱圄"，并引《索隐》云"圉"一作'圄'"，颜师古云"圄读于圉同"①，可知圉、圄古通用，为一字。朱圉山，旧注多以为在天水郡冀县，即甘肃伏羌县（今天水市西北甘谷县）；李吉甫《元和郡县志》云朱圉山在伏羌县西南六十里，《伏羌县志》则云朱圉山在伏羌县西南三十里，二说不合，王鸣盛《尚书后案》中解释云："今之县治乃宋熙宁三年以伏羌寨为城者，在秦州西九十里，见《九域志》与《元和志》。云县东南至秦州一百二十里者，移向西南九十里，故不合。"② 杜佑《通典》、宋蔡沈等云朱圉山又名白岩山，胡渭《锥指》中记自己曾亲经其山，在今伏羌县西南三十里，山色带红，山体石勒"禹奠朱圉"四字，今人王世舜等则认为其山属于秦岭山脉；鸟鼠山，据考证在今甘肃渭源县西，朱圉山若在伏羌县西南，则朱圉在东，鸟鼠在西，与《禹贡》"西倾朱圉鸟鼠至于太华"所叙地理顺序不合，曾运乾认为"经似误倒"，王鸣盛则解释说朱圉山绵亘于伏羌西南，群山众多，"可与鸟鼠错杂举之。"③ 其实朱圉山另有其指，近代学者刘起釪《尚书校释译论》中引今人学者王树枏认为，"朱圉"实即今甘肃卓尼，"为一语之音转"，如"猪野"之讹为"居延"，其山色赤，诸山围之，殷然四合，若兽在圉中，故称作朱圉十分恰当，且此山在西倾山之东北，与《禹贡》西倾、朱圉、鸟鼠自西而东北的叙述顺序吻合，故称赞王说。此说为是。

鸟鼠

东晋·伪孔传：鸟鼠共为雌雄，同穴处此山，遂名山曰鸟鼠。④

---

① 顾颉刚、刘起釪：《尚书校释译论》，北京：中华书局，2005 年，第 775 页。
② （清）王鸣盛：《尚书后案》，北京：北京大学出版社，2012 年，第 179 页。
③ 曾运乾：《尚书正读》，北京：中华书局，2015 年，第 79 页。
④ （唐）孔颖达：《尚书正义》，北京：北京大学出版社，1999 年，第 164 页。

唐·孔疏：《释鸟》云："鸟鼠同穴，其鸟为鵌，其鼠为鼵。"李巡曰："鵌鼵鸟鼠之名，共处一穴，天性然也。"郭璞曰："鼵如人家鼠而短尾，鵌似鵽而小，黄黑色。穴入地三四尺，鼠在内，鸟在外，今在陇西首阳县有鸟鼠同穴山。《尚书》孔传云'共为雄雌'，张氏《地理记》云'不为牝牡'。"璞并载此言，未知谁得实也。《地理志》云，陇西首阳西南有鸟鼠同穴山，渭水所出，至京兆北船司空县入河，过郡四，行千八百七十里。①

鸟鼠，即鸟鼠同穴山，《地理志》谓在陇西首阳西南，即今甘肃陇西县境内，鸟鼠同穴，在古代典籍中多有记载，《尔雅》及李巡注、郭璞注、伪孔传中皆有记载，伪孔传认为鸟鼠共为雌雄，同穴处此山，故名鸟鼠，然《地理记》批驳了这一说法。

宋·蔡沈：鸟鼠，《地志》在陇西郡首阳县西南，今渭州渭源县西也，俗呼为青雀山。……同穴，山名。《地志》云："鸟鼠山者，同穴之枝山也。"……孔氏曰："鸟、鼠共为雌雄，同穴而处。"其说怪诞不经，不足信也。②

鸟鼠、同穴为二山，鸟鼠山在渭州渭源县西，又名青雀山，是同穴山之枝山；伪孔"鸟鼠雌雄，同穴而处"的说法，蔡氏认为怪诞不经，不足为信。

清·胡渭："鸟鼠同穴"四字为一山之名，上文从省曰鸟鼠，此全举四字，盖属辞之体，详略各有所宜也。

《地理志》陇西首阳县下云：《禹贡》鸟鼠同穴山在西南，渭水所出。……③

鸟鼠同穴事，见《尔雅》，殆非诞妄。李巡、郭璞之后，它书所载更凿凿有据。《宋书·吐谷浑传》云：甘谷岭北有雀鼠同穴，或在山岭，或在平地。雀色白，鼠色黄。地生黄紫花草，便有雀鼠穴。《洛阳伽蓝记》云：赤岭有鸟鼠同穴，

---

① （唐）孔颖达：《尚书正义》，北京：北京大学出版社，1999年，第164页。

② （宋）蔡沈：《书集传》，南京：凤凰出版社，2010年，第57、64页。

③ （清）胡渭：《禹贡锥指》，上海：上海古籍出版社，2013年，第623页。

异种共类，鸟雄鼠雌，共为阴阳。杜宝《大业杂记》云：大业三年，陇西郡守献同穴鸟鼠。炀帝谓牛弘曰：《尔雅》曰其鸟曰鵌，其鼠曰鼵。当短尾，今长何耶！弘曰：旧说未必可依。遂图以付所司。（见程氏《禹贡论》）《元和郡县志》云：同穴鸟如家雀，色小青，其鼠如家鼠，色小黄。近穴溲溺气甚辛辣，使人变逆呕吐，牛马得此气，多疲卧不起而大汗。岳正《类博稿》云：鸟鼠同穴，予戍甘时，过庄浪亲见之，鸟形色似雀而少大，顶出毛角，飞即崖穴，穴口有鼠，状如人家常鼠，但唇缺似兔，蓬尾似鼬。与鸟偕入，彼此比昵，有类雌雄者。《甘肃镇志》云：凉州之地有兀儿鼠者，形状似鼠，尾若赘疣。有鸟曰本周儿者，其形似雀，色作灰白，常与兀儿鼠同穴而处，所谓鸟鼠同穴者也。以上诸说，微有不同。窃疑此二物禹所见在首阳界中，而渭源以西往往有之。吐谷浑、赤岭、庄浪、甘肃之所产，形状毛色不无小异，其为同穴而处则均也。程泰之据色青尾短以证其妄，亦偏执之论。张子韶云：余曾询官陇西者，曰鸟鼠各为雌雄。如张氏之说，造化之理，何所不有。雀化为蛤，鸠化为鹰，此岂可臆说乎！旨哉言也。此于经本非切要，然自宋儒不信鵌鼵共处之事，而说者遂以鸟鼠同穴为二山，言渭有二源，故兼举之。或又云渭出同穴不出鸟鼠，是则有害于经，故其事亦不可以不辨也。[1]

　　"鸟鼠"为"鸟鼠同穴"的简称，为一山之名，在陇西首阳县西南，胡氏引了多种典籍，如《宋书·吐谷浑传》、《洛阳伽蓝记》、杜宝《大业杂记》、程大昌《禹贡论》、《元和郡县志》、岳正《类博稿》、《甘肃镇志》等，说明鸟鼠同穴事凿凿有据的道理；伪孔传以鸟鼠"共为雌雄"，为张氏《地理记》所批驳，然胡氏引张子韶云，认为"造化之理，何所不有"，鸟鼠各为雌雄是有可能的事。

清·皮锡瑞：《班志》、《郡国志》、《淮南·坠形训》、《水经》、《三辅黄图》言鸟鼠同穴皆不分别言之，是鸟鼠同穴是一山。《河图括地象》曰："鸟鼠同穴山，地之干也，上为掩毕星。"郑注本之，分鸟鼠同穴为二山，盖误。[2]

---

① （清）胡渭：《禹贡锥指》，上海：上海古籍出版社，2013年，第624-625页。
② （清）皮锡瑞：《今文尚书考证》，北京：中华书局，2009年，第181页。

《汉志》、《后汉书·郡国志》、《水经》、《三辅黄图》等皆以鸟鼠同穴为一山，郑玄据《河图括地象》之说，分鸟鼠同穴为二山，实误。

清·王先谦：（《水经注》）据渭水注："……《地说》曰：'鸟鼠山，同穴之枝干也。渭水出其中，东北过同穴枝间。'既言其二，明非一山也。"《山水泽地篇》引郑云："鸟鼠之山有鸟焉，与鼠飞行而处之。又有止而同穴之山焉。是二山也。鸟名为鵌，似鶏而黄黑色。鼠如家鼠而短尾，穿地而共处，鼠内而鸟外。"[1]

> 引《水经注·渭水注》、《水经·山水泽地篇》郑玄注等，皆以鸟鼠、同穴为二山。

清·王鸣盛： 郑云"鸟鼠之山有鸟焉，与鼠飞行而处之。又有止而同穴之山焉，是二山也"者，《汉志》陇西郡首阳县，"《禹贡》鸟鼠同穴山在西南，渭水所出，……"如《汉志》鸟鼠同穴似是一山，但"雍州"及"导山"皆单言鸟鼠，于此又益以同穴之文，当必有异，未可牵溷。《说文》卷十一上云："渭水出陇西首阳渭首亭南谷，东入河。杜林说《夏书》，以为出鸟鼠山。"郑氏《尚书》本于杜林，杜说此经单名鸟鼠，明析同穴而别言之，故郑用其说。又《地说》古书，郑屡援以证《禹贡》。《水经》十七卷《渭水注》引《地说》云："鸟鼠山，同穴之枝干也。渭水出其中，东北流过同穴枝间。"郑据此，故以鸟鼠为飞行而处之之山，同穴为止而同穴之山，是二山也。伪孔以为一山，非也。然经既言渭水同出于二山，则必其山脉连属，非截然各为一地，相距遥远者可知。郑又云"鸟名为鵌"云云者，疏引《释鸟》文。彼郭璞注云："鼣如人家鼠而短尾，鵌似鶏而小，黄黑色。穴入地三四尺，鼠在内，鸟在外。"李巡注云："鼣、鵌，鸟鼠之名，共处一穴。"皆与郑合也。山在今渭源县西，渭水出，东流迳其县北，……又东入巩昌府陇西县界。[2]

---

① （清）王先谦：《尚书孔传参正》，北京：中华书局，2011年，第345页。

② （清）王鸣盛：《尚书后案》，北京：北京大学出版社，2012年，第216页。

郑玄以鸟鼠同穴为二山，《汉志》以鸟鼠同穴为一山，王氏认为"雍州"及"导山章"皆单言鸟鼠，"导水章"则言鸟鼠同穴，"当必有异，未可牵混"；其据《说文》，认为郑说本于杜林，《水经·渭水注》中引《地说》，亦以鸟鼠同穴为二山，此皆为郑玄所本，伪孔以为一山，非也；二山山脉相连，但又相距遥远，在今渭源县（即今甘肃定西市渭源县）西。

王世舜、王翠叶： 渭水，发源于甘肃渭源西鸟鼠山，相传鸟鼠于此山雌雄同穴，故名鸟鼠山。[1]

黄怀信： 鸟鼠：山名，在今甘肃官堡南。[2]

官堡即今甘肃魏源县西南的金川镇。

曾运乾： 《地志》："陇西郡首阳县，《禹贡》鸟鼠同穴山在西南，渭水所出。"按山在今甘肃渭源县西。[3]

编者按

鸟鼠，山名，由于后文"导水章"有"鸟鼠同穴"，故关于鸟鼠同穴是一山还是二山者争议较多。如《地说》、《水经·山水泽地篇》郑玄注、《水经注·渭水上》、蔡传、清人王先谦、王鸣盛等皆以鸟鼠同穴为二山，然多数学者以鸟鼠同穴为一山，如胡渭《锥指》中认为，"鸟鼠同穴"四字为一山之名，鸟鼠只是其简称，此说当是。

鸟鼠山又名青雀山，《汉志》、郭璞等认为其在陇西郡首阳县西南，即今甘肃省渭源县西南；此山在古籍中多有记载，如《尔雅》及李巡、郭璞注，《地理记》、伪孔中等皆有描述，《锥指》引《宋书·吐谷浑传》、《洛阳伽蓝记》、

---

① 王世舜、王翠叶：《尚书》，北京：中华书局，2021年，第86页。
② 黄怀信：《尚书注训》，济南：齐鲁书社，2002年，第77页。
③ 曾运乾：《尚书正读》，上海：华东师范大学出版社，2011年，第87页。

杜宝《大业杂记》、程大昌《禹贡论》、《元和郡县志》、岳正《类博稿》、《甘肃镇志》等文献，说明鸟鼠同穴事凿凿有据；大致来说，甘肃、青海、西藏、新疆等处荒野地区都有鸟鼠同穴的现象，"鸟多为雪雀，偶有土百灵、角百灵、穗鹏或沙鹏；鼠多为黄鼠，偶有长尾黄鼠、鼠兔、高山旱獭及鼬。"[①]

伪孔以鸟鼠"共为雌雄"，然此说为《地理记》、蔡传等所批驳，此外，《洛阳伽蓝记》、岳正《类博稿》、张子韶等亦有鸟鼠雌雄的相关论述，胡渭认为"造化之理，何所不有"，并举雀化为蛤，鸠化为鹰的例子说明这一说法是很有可能的。

鸟鼠同穴其实是西部荒野地区的一种常见现象，如《顾颉刚读书笔记》中认为："西疆鸟鼠同穴现象甚为普遍，甘肃有之，青海亦有之，一也。周、秦之后，甘肃人口增加，渭源此类现象日渐减少，惟青海之西人口依然鲜少，鸟鼠得保其繁殖，二也。闻之动物学家，此种鸟为云雀，鼠为土百灵，毫无'鸟雄鼠雌共为阴阳'之事。其所以同穴者，云雀不能自营巢，假土百灵之窟以居，在生殖上毫无关系也。"[②]批驳了鸟鼠雌雄的说法，清人王芑孙亦认为，打洞本是鼠类的习性，西北地区风沙大、天气冷，鸟类既有迫切的筑巢需求，自己又不会挖洞，因此就借用鼠类的洞穴，鸟鼠同穴，只不过是又一种鹊巢鸠占而已；此外，清人徐松在新疆赛里木湖东岸旅行中，记载了一些观察到的有趣细节：他看到一只鸟从鼠洞飞出，紧接着一只鼠从洞里跑出，之后鸟骑在鼠的背上，虽然鼠来回奔跑，但鸟一直停在鼠身上，过了很长时间才飞走。1956年10月6日《人民日报》刊载《祁连山发现珍奇动植物》文中亦言这批动物中有："西藏雪鹊和黄鼠……他们却相依为命地共同生活在一个土洞中。黄鼠要到地面活动，西藏雪鹊首先出去，看看有没有危险。黄鼠听到雪鹊叫声，知没有危险，才成群出去活动。……一发现危险，（雪鹊）就

---

① 顾颉刚、刘起釪：《尚书校释译论》，北京：中华书局，2005年，第746页。
② 顾颉刚、刘起釪：《尚书校释译论》，北京：中华书局，2005年，第747页。

发出叫声，黄鼠、雪鹊就迅速躲进洞里。"[1]1961年5月17日《北京晚报》"科学趣闻"载："我国西北的一些荒漠和草原地带，鸟类和野鼠往往在同一个地洞内共居。据动物学家工作者的观察，鼠之所以同穴居住，是由于那些地方没有树木，鸟类无处筑巢，只好借鼠洞'下榻'。至于鸟鼠住洞内究竟是怎样相处的，人们还不很清楚。西北地区野鼠的洞穴都相当深，一位动物学工作者在新疆马拉斯河附近挖了一个沙鼠的洞穴，挖了四百米深还未挖到底。"[2] 这是两则现代实际观察的资料，可以说，历代文献共同证实了确有此二生物共栖的事实。

究其原因，很有可能是因为草丛稀少的空旷高原上，一些鸟雀利用鼠兔遗弃的地下洞穴来躲避烈日的曝晒或雨雪、风雹的袭击，甚至还可能借用这些废弃洞穴来产卵育雏，以避免鹰、狐等天敌的危害，这是它们适应高原开阔地域环境的一种生存本能，一种特殊的生态现象，同样，对于鼠兔来说，鸟雀们的惊鸣叫声也是某些天敌来临的警报信号，可让它们及时逃遁，可谓互相利用，共同获益。从这个意义上来看，鸟鼠之间确实存在着一种相互依存的"共生"的生态关系，这可能就是千百年来人们所传说的"鸟鼠同穴"的真相，它是自然界中"弱肉强食、适者生存"法则之外的另一种生存竞争的特殊表现形式，是青藏高原地区这一最为独特的地理环境中生物界中存在的一种有趣现象。然至于《禹贡》所述之"鸟鼠"，辛树帜《禹贡新解》中提出一些自己的认识，其云："雍州之地鸟鼠同穴之区甚多。郝懿行《尔雅义疏》引用书中，有凉州、沙州等处，甘谷岭鸟鼠同穴，且有或在山岭，或在平地之记载。以此知《禹贡》作者，一方面在雍州记'终南惇物至于鸟鼠'，在导山记'西倾、朱圉，鸟鼠至于太华'，而在导水记'导渭自鸟鼠同穴'，是根据原始真实资料，指出导水是从鸟鼠同穴之区，不一定指的是鸟鼠同穴之山（当然鸟鼠山之得名可能也是山上有鸟鼠同穴）。所以蔡沈说：'鸟只

① 顾颉刚、刘起釪：《尚书校释译论》，北京：中华书局，2005年，第747-748页。
② 顾颉刚、刘起釪：《尚书校释译论》，北京：中华书局，2005年，第748页。

自鸟鼠同穴导之耳。'……伪孔更创奇论，说什么'鸟鼠共为雌雄'，诚如宋儒所讥：'其说怪诞不经。'……我还怀疑《尔雅》'鵌''鼵'命名奇特，可能未经过调查而采集之名。"[1]此说较符合文本涵义。

熊耳、外方、桐柏至于陪尾。

外方

汉·班固：颍川郡崈高县（今河南登封县），武帝置，以奉太室山，是为中岳。有太室少室山庙。古文以为外方山也。[2]

外方山在河南登封县。

唐·孔颖达：《地理志》云……嵩高山在颍川嵩高县，古文以为外方山。[3]

宋·蔡沈：外方，《地志》：颍川郡崈高县有崈高山，古文以为外方在今西京登封县也。[4]

清·胡渭：《汉书》武帝纪：元封元年，登礼嵩高，置奉邑，名曰崇高。《地理志》：颍川崈高县，武帝置，以奉太室山，是为中岳。有太室、少室山庙。古文以崈高为外方山也。师古曰：崈，古"崇"字。今名嵩山，在河南府登封县北十里。《左传》：昭四年，司马侯曰四岳三涂，阳城、太室。太室即嵩高也。于四岳外别言之，亦可见嵩高时不为岳矣。《尔雅》嵩高为中岳，盖后人所附益耳。《后汉书》：熹平五年，复崈高为嵩高。韦昭曰：嵩高有太室、少室之山，山有石室，故名。戴延之《西征记》曰：东曰太室，西曰少室，相去十七里，嵩高其总名也。《元和志》云：嵩高山在告成县西北二十三里（唐改阳城县曰告成，其故城在今登封县东南四十里。）登封县北八里，高二十里，周一百三十里。少室山在告成

---

① 顾颉刚、刘起釪：《尚书校释译论》，北京：中华书局，2005年，第749-750页。

② （清）孙星衍：《尚书今古文注疏》，北京：中华书局，2017年，第184页。

③ （唐）孔颖达：《尚书正义》，北京：北京大学出版社，1999年，第158页。

④ （宋）蔡沈：《书集传》，南京：凤凰出版社，2010年，第59页。

县西北五十里，登封县西十里，高六十里，周三十里。渭按：古时皆指嵩高为太室，而韦昭、戴延之则兼二室并称。然前贤题咏犹以太室称嵩山，而少室则仍其本名，故有嵩少之目。其山东跨密县，西跨洛阳，北跨巩县，绵亘百五十里，太室中为峻极峰，左右列峰各十二，凡二十四。少室峰三十六。先儒皆以嵩高为外方。金吉甫曰：嵩高世名中岳，安得与江夏内方相为内外哉。据《唐志》陆浑山一名方山，盖古外方云。此说非是。嵩高当禹时未为中岳，即为中岳，而仍名外方，与东岱、西华、南衡、北恒一例。理无可疑，且陆浑方山亦何以知其为外方乎。

古"嵩"、"崇"为一字；胡氏引《汉志》，说明外方山为古崇高山，即今河南登封县的嵩山；嵩山在《左传》中不为中岳，《汉志》记武帝时定嵩高太室山为中岳，《尔雅》中称嵩高为中岳，可知是后有的叫法；嵩高有太室、少室之山，古时一般以太室称嵩山，少室仍用其本，故有嵩少之称；韦昭、戴延之等则以二室并称嵩高；此山东跨密县，西跨洛阳，北跨巩县，绵亘一百五十里，其中太室二十四座山峰，少室峰三十六座；宋人金履祥不赞同嵩山说，而以陆浑山（今河南洛阳山峰）为古外方山，然此说为胡氏所反对。

《诗·大雅》：崧高维岳，峻极于天。兼五岳言之。《尔雅·释山》曰：山大而高崧。郭璞注云：今中岳嵩高山。盖依此名。邢昺疏云：李巡曰：高大曰崧。此则山高大者自名崧，本不指中岳。今之中岳名嵩高，或取此文以立名乎。无正文，故云盖以疑之，是亦不以《诗》之"崧高"为中岳也。自刘熙《释名》云："嵩"字或为"崧"。则二字通作一字，世遂以降神生甫，专归之中岳。文士错解，贻误至今，间有能正之者，反以为非，可叹也。[1]

"嵩"古又作"崧"，为一字，高崧本指山岳高大，本不特指中岳嵩山。

李长傅：外方山，即嵩山，古名嵩高。《汉书·地理志》："颖川郡崇（古崇字）高：古文以崇高为外方山也。"一称太室。《左传》昭公四年："晋司马

① （清）胡渭：《禹贡锥指》，上海：上海古籍出版社，2013 年，第 366-367 页。

侯曰：阳城、太室，九州之险。"在今登封县北十里，高达一千三百六十八公尺，有太室、少室等山峰。

一说外方山非嵩山，而为陆浑山。金履祥曰："外方旧说嵩山，非也。嵩高世称中岳，安得反为外方，又与江夏内方相与内外哉。"

嵩县东北之陆浑山，《新唐书·地理志》名为方山，或谓即古之外方山。今图志称伊河与颖河之分水岭为外方山脉。①

外方山为嵩县东北的陆浑山，而非登封县之中岳之嵩山。

顾颉刚、刘起釪：外方，山名。《汉志》"颍川郡嵩高县"（今河南登封县）下云："古文以为崇高（嵩高、嵩高）为外方山也。"即今登封县内汉武帝时定为中岳的嵩山。根据《禹贡》文意，就地形来看，实际当指熊耳山和伊水东南，北起嵩山，斜向西南的伏牛山一带诸山。②

曾运乾：外方山，《汉志》颍川嵩高县，注云："武帝置，以奉太室山，是为中岳，古文以为外方山也。"③

外方山在颍川嵩高县，汉武帝时以太室山为中岳，即古外方山。

江灝、钱宗武：外方，山名，在今河南登封县北，又名嵩山。古称中岳。④

黄怀信：外方：山名，后世称崇高山，在今河南登封境。⑤

李民、王健：外方，山名，一般认为即今河南登封境内的嵩山，五岳之中岳，又称太室。然金履祥认为："外方旧说嵩山，非也。嵩高世称中岳，安得反为外

① 李长傅：《禹贡释地》，商丘：中州书画社，1982年，第101页。

② 顾颉刚、刘起釪：《尚书校释译论》，北京：中华书局，2005年，第777页。

③ 曾运乾：《尚书正读》，上海：华东师范大学出版社，2011年，第79页。

④ 江灝、钱宗武：《今古文尚书全译》，贵阳：贵州人民出版社，1990年，第84页。

⑤ 黄怀信：《尚书注训》，济南：齐鲁书社，2002年，第77页。

方，又与江夏内方相与内外哉。"今河南嵩县东北陆泽山，《新唐书·地理志》名为方山，或谓即古之外方山，可备一说。①

编者按

《汉志》中记颍川郡崈高县（今嵩山县）有太室、少室山，古文以为外方山，此说为多数学者赞同，此为是。武帝时将太室山定为中岳，故中岳嵩山的称谓由此产生；古时一般以太室称嵩山，少室仍用其本，故有嵩少之称，韦昭、戴延之等则以二室并称嵩高，就地形来看，大致当指今熊耳山和伊水东南，北起嵩山，斜向西南的伏牛山一带诸山。此外，宋人金履祥以嵩县东北之陆浑山定为古外方山，这是另一种说法。

陪尾

汉·班固： 江夏郡安陆：横尾山在东北，古文以为倍尾山。②（《汉志》）

汉·郑玄： 《地理志》……陪尾在江夏安陆东北，若横尾者。③

东晋·伪孔传： 四山相连，东南在豫州界。④

唐·孔颖达： 《地理志》云：……横尾山在江夏安陆县东北，古文以为陪尾。是四山接华山而相连，东南皆在豫州界也。⑤

唐·颜师古： 倍读曰陪。⑥

唐·李吉甫： 陪尾山一名横山，在县（安陆县）北六十里。淮水曷尝经此？《传》

---

① 李民、王健：《尚书译注》，上海：上海古籍出版社，2012年，第81页。
② 李长傅：《禹贡释地》，商丘：中州书画社，1982年，第101页。
③ （清）孙星衍：《尚书今古文注疏》，北京：中华书局，2017年，第184页。
④ （清）胡渭：《禹贡锥指》，上海：上海古籍出版社，2013年，第364页。
⑤ （清）胡渭：《禹贡锥指》，上海：上海古籍出版社，2013年，第364-365页。
⑥ （清）胡渭：《禹贡锥指》，上海：上海古籍出版社，2013年，第364页。

谬。禹导山至陪尾，盖实为泗水。泗之与淮，犹伊之与洛也。[①]（《元和郡县志》）

陪尾山在泗水。

宋·林之奇：横尾山，在江夏安陆县东北，《古文》以为陪尾山者。四山皆在豫州之界也。[②]

元·吴澄：按《唐志》泗水县有陪尾山，泗水出焉。盖即此也。以横尾为陪尾者，非是。[③]

陪尾山在山东泗水县。

明·朱鹤龄：凡言“至于”者，以相去之远也。……太华去鸟鼠远，故曰至于。则陪尾亦应远，观经文导淮，自桐柏东会于泗、沂，其为徐州之陪尾明矣。[④]

陪尾山在徐州境。

清·胡渭：《水经注》云：泗水出卞县东南，桃墟西北，桃墟世谓之曰陶墟，舜所处也。墟有泽方十五里，泽西际阜，俗谓之妫亭山。自此连冈通阜西北四十许里。冈之西际，便得泗水之源。《博物志》曰：泗出陪尾。盖斯阜者矣。《隋志》泗水县有陪尾山。今在县东五十里。……丁晏曰：《锥指》于陪尾下谓泗水县陪尾山。宋毛晃曰：《博物志》泗出陪尾。此自鲁国泗水之所出，俗呼妫亭山，偶名陪尾。非安陆之陪尾山也。[⑤]……安陆今属湖广德安府。泗水今属山东兖州府，本汉鲁国卞县，陪尾山在县东也。[⑥]

西晋张华的《博物志》、《隋志》、宋人毛晃、清人丁晏等皆以陪尾在

① （清）胡渭：《禹贡锥指》，上海：上海古籍出版社，2013 年，第 367 页。
② （宋）林之奇：《尚书全解》，北京：人民出版社，2019 年，第 161 页。
③ （清）胡渭：《禹贡锥指》，上海：上海古籍出版社，2013 年，第 365 页。
④ （清）胡渭：《禹贡锥指》，上海：上海古籍出版社，2013 年，第 365 页。
⑤ （清）胡渭：《禹贡锥指》，上海：上海古籍出版社，2013 年，第 367-368 页。
⑥ （清）胡渭：《禹贡锥指》，上海：上海古籍出版社，2013 年，第 365 页。

鲁国的泗水，胡氏亦认为陪尾山在山东兖州东。

清·孙星衍： 安陆，今湖北德安府，陪尾山在府治东北。……《史记索隐》云："负音陪。"①

清·王鸣盛： 《元和志》云"山一名横山"。故郑又云"若横尾者"，盖以形似名也。……《博物志》亦云泗出陪尾。隋、唐《志》并云泗水县有陪尾山，县今属山东兖州府，本汉鲁国下县，陪尾山在县东五十里。此又一陪尾，为泗水发源处。诸说以为《禹贡》陪尾与郑、孔及班《志》皆不合，不可从。②

不赞同泗水陪尾说。

黄怀信： 陪尾：山名，亦作"倍尾"，在今山东泗水境。③

樊东： 陪尾：山名，湖北安陆县。④

屈万里： 陪尾，山名，在今山东泗水县，胡渭《禹贡锥指》说。⑤

陪尾山在山东泗水县。

李民、王健： 陪尾，山名，……其地望一说在今湖北安陆县东北；一说在今山东泗水县东，张华《博物志》："泗出陪尾。"安陆的陪尾山非淮河所经，泗水与淮水相通。但两山相距太遥远，从地望上看，安陆较近，也可能淮河线上别有陪尾山。⑥

赞同安陆县说，但又认为淮河线上可能别有陪尾山。

李长傅： 有二说：<1>《汉书·地理志》："江夏郡安陆：横尾山在东北，

---

① （清）孙星衍：《尚书今古文注疏》，北京：中华书局，2017 年，第 184-185 页。
② （清）王鸣盛：《尚书后案》，北京：北京大学出版社，2012 年，第 180-181 页。
③ 黄怀信：《尚书注训》，济南：齐鲁书社，2002 年，第 77 页。
④ 樊东：《尚书译注》，北京：北京联合出版公司，2018 年，第 35 页。
⑤ 屈万里：《尚书今注今译》，上海：上海辞书出版社，2021 年，第 56 页。
⑥ 李民、王健：《尚书译注》，上海：上海古籍出版社，2012 年，第 81 页。

古文以为倍尾山。"《水经注》、《晋书·地理志》、《括地志》、《元和郡县志》皆同。<2> 张华《博物志》："泗出陪尾。"《新唐书·地理志》："泗水县有陪尾山，泗水出焉。"胡渭说："经文导淮至桐柏，会于淮、泗，其为徐州之陪尾明矣。"此陪尾山在今泗水县东五十里。[①]

陪尾山在今泗水县东。

江灏、钱宗武： 山名，在今湖北安陆县。[②]

编者按

陪尾，《史记》作"负尾"，《汉志》作"倍尾"、横尾山，郑玄云"若横尾者"，王鸣盛认为"盖以形似名也。"[③] 颜师古认为"倍"读作"陪"，孙星衍《尚书今古文注疏》引《史记索隐》云："负音陪。"[④] 可知此处负、倍、陪同音通用。

关于陪尾所在，大致有两说：

一、《汉志》认为陪尾山在江夏郡安陆县（今湖北安陆市北境）东北，郑玄、伪孔、孔疏、苏轼、林之奇、蔡沈、孙星衍、王鸣盛，今人樊东、江灏、钱宗武等赞同此说。

二、陪尾山在山东泗水县。

唐李吉甫《元和志》从导水的角度，认为淮水不经陪尾山，禹导山所至的陪尾，当为泗水之山。张华的《博物志》中有："泗出陪尾。"[⑤]《隋志》

---

① 李长傅：《禹贡释地》，商丘：中州书画社，1982 年，第 101-102 页。

② 江灏、钱宗武：《今古文尚书全译》，贵阳：贵州人民出版社，1990 年，第 84 页。

③ （清）王鸣盛：《尚书后案》，北京：北京大学出版社，2012 年，第 180 页。

④ （清）孙星衍：《尚书今古文注疏》，北京：中华书局，2017 年，第 184-185 页。

⑤ （清）胡渭：《禹贡锥指》，上海：上海古籍出版社，2013 年，第 367 页。

中亦云泗水县有陪尾山；唐李吉甫《元和志》、宋人毛晃、元人吴澄、明人朱鹤龄、清人丁晏、胡渭，今人黄怀信、屈万里、李长傅等多从此说。

孔传、孔疏、林之奇等认为四山相连，东南皆在豫州界内；今人刘起釪亦认为"自熊耳至负尾，是接着太华迤逦向东南的豫省西境境内诸山，最末迄鄂境随县、安陆间。这都在豫州境内。"[1]吴澄等以山东泗水县之陪尾为《禹贡》之陪尾，后世学者多从之，然"就地形看，不仅相去太远，尤以中间隔着广大的华北平原，山势了不相属。而熊耳诸山属北岭山系，山东半岛属阴山山系。吴说显误。"[2]故当从第一说。

导嶓冢，至于荆山；内方，至于大别。

大别

汉·班固："六安国安丰县"（今河南固始县东南，临安徽霍丘境）下云："《禹贡》大别山在西南。"[3]（《汉书·地理志》）

汉·桑钦：大别山在庐江安丰县西南。[4]（《水经》）

东晋·伪孔传：内方、大别，二山名。在荆州，汉所经。[5]

北魏·郦道元：江水东迳鲁山南，古翼际山也。《地说》曰："汉与江合于衡北翼际山旁者也。"……《地理志》曰："夏水（即汉水）过郡入江，故曰江夏也。"[6]（《水经注》）

唐·李吉甫：鲁山一名大别山，其山前枕蜀江，北带汉水。[7]

① 顾颉刚、刘起釪：《尚书校释译论》，北京：中华书局，2005 年，第 777 页。
② 顾颉刚、刘起釪：《尚书校释译论》，北京：中华书局，2005 年，第 777 页。
③ 顾颉刚、刘起釪：《尚书校释译论》，北京：中华书局，2005 年，第 778 页。
④ 李长傅：《禹贡释地》，商丘：中州书画社，1982 年，第 102 页。
⑤ （唐）孔颖达：《尚书正义》，北京：北京大学出版社，1999 年，第 159 页。
⑥ 顾颉刚、刘起釪：《尚书校释译论》，北京：中华书局，2005 年，第 779 页。
⑦ 李长傅：《禹贡释地》，商丘：中州书画社，1982 年，第 103 页。

鲁山即今汉阳龟山。

唐·孔疏：《地理志》无大别。郑玄云："大别在庐江安丰县。"杜预解《春秋》云："大别阙，不知何处。"或曰大别在安丰县西南，《左传》云，吴既与楚夹汉，然后楚"乃济汉而陈，自小别至于大别"。然则二别近汉之名，无缘得在安丰县。如预所言，虽不知其处，要与内方相接，汉水所经，必在荆州界也。①

大别山在荆州界内。

宋·苏轼：二别山皆在汉上。②

宋·傅寅：汉上，当是汉阳界山也。③

宋·林之奇：汉水既东流为沧浪之水矣，于是过三澨水所入之处，于是触大别山以与江合也。④

清·胡渭：大别山，杜元凯已知在江夏而不在安丰，郦氏亦主杜说，而终不能指鲁山为大别（按郦氏未明依杜说以汉入江之处的翼际为大别），至唐人始能言之。……大别山在汉阳府城东北半里汉水西岸。……小别山，一名甑山，在汉川县东南十里。⑤

大别山在汉阳府城东北半里汉水西岸，小别山在汉川县东南十里。

清·皮锡瑞：案：《郡国志》、《史记集解》、《水经山泽篇》言大别在安丰，皆与《志》合。《志》云安丰属六安，《郡国志》、郑注、《水经》皆云属庐江者，建武十年省并也。孔疏云："《地理志》无大别"，失检。《水经注》引京相璠说，亦与《志》合。杜预始疑大别不在安丰，《元和志》遂以翼际山当

---

① （唐）孔颖达：《尚书正义》，北京：北京大学出版社，1999 年，第 159 页。
② 顾颉刚、刘起釪：《尚书校释译论》，北京：中华书局，2005 年，第 779 页。
③ 顾颉刚、刘起釪：《尚书校释译论》，北京：中华书局，2005 年，第 779 页。
④ 顾颉刚、刘起釪：《尚书校释译论》，北京：中华书局，2005 年，第 779 页。
⑤ 顾颉刚、刘起釪：《尚书校释译论》，北京：中华书局，2005 年，第 779 页。

之，非古意也。①

　　大别在庐江安丰县，与《汉志》同，不赞同杜预之说，大别山亦非翼际山。

　　清·孙星衍：案：……安丰故城在今安徽霍山县，大别山在今霍邱县西南。《元和郡县志》云："鲁山一名大别山，在汉阳县东北一百步。"此盖《水经注》所云古翼际山也，唐人谓之大别，误矣。……又以大别在庐江安丰者，《续汉志》安丰改属庐江。《书》疏云"《地理志》无大别"，捡之不密也。②

　　大别山在安徽霍邱县西南，非《元和志》所载之鲁山，亦非《水经注》所云之古翼际山，孔疏云《地志》无大别，为疏忽之说。

　　清·王鸣盛：《汉·地理志》："六安国安丰县，《禹贡》大别山在西南。"但此县《续汉志》改属庐江郡，不属六安国，故郑云庐江安丰。疏谓《志》无大别，误也。大别在安丰，则扬州界，非荆州。传、疏皆非也。……班固、郑玄、司马彪及《水经》四十卷，皆以大别系安丰。杜预定四年《传》注，虽疑大别不当在安丰，然亦不能言其处。《水经注》："江水东径鲁山南，古翼际山也。"《地说》曰汉与江合于衡北翼际山傍者也。山上有吴江夏太守陆涣所治城。江夏盖取二水之名。《地理志》曰夏水过郡入江，故曰江夏也。旧治安陆，吴乃徙此。山左即沔口矣。"此条乃指在今湖北汉阳府城东北，汉水西岸之山而言，乃汉水入江处。然但称为鲁山，又称为翼际山，而未尝指为《禹贡》之大别山。惟《元和志》云："鲁山，一名大别山，在汉阳县东北一百步。其山前枕蜀江，北带汉水，山上有吴将鲁肃祠。"此说盖因杜预以二别当近汉水，故臆度在此，并无所据，而相延至今。陆游《入蜀记》亦云："汉阳负山带江，其南小山有僧寺者，大别山也。"当以郑注为正说。③

　　大别山在庐江郡安丰县，属扬州界，非伪孔传、孔疏所说的荆州；《水

---

① （清）皮锡瑞：《今文尚书考证》，北京：中华书局，2009 年，第 172 页。
② （清）孙星衍：《尚书今古文注疏》，北京：中华书局，2017 年，第 185 页。
③ （清）王鸣盛：《尚书后案》，北京：北京大学出版社，2012 年，第 182 页。

经注》、《元和志》等所说的鲁山或翼际山皆非《禹贡》大别山。

曾运乾： 大别，《汉志》以为在庐江安丰县，则今安徽霍山县境。杜预、郦道元均不信其说。《元和志》云："鲁山，一名大别山，在汉阳县东北一百步。"则今汉口西岸晴川阁畔嶔江之山，与南岸黄鹤相对者。此与导漾云"至于大别，南入于江"亦合。以言江汉间山脉，尤得。[①]

大别山又名鲁山，在汉阳县，为江汉间山脉。

郭仁成：《地理今释》："……大别山在今汉阳府汉阳县东北半里汉水西岸。"汉阳县在今湖北中部偏西。[②]

屈万里： 大别，山名，一名鲁山，在今湖北汉阳县东北。[③]

李长傅：《元和郡县志》："鲁山一名大别山，其山前枕蜀江，北带汉水。"即今汉阳之龟山。宋儒多主此说。但与《禹贡》："汉水至于大别，南入于江"不合。故清儒多赞同前说。近人马征庆云："大别山，今犹谓分水岭，盖以南水入江，北水入淮，故名。"又云："大别者，乃淮南汉北之望，故能遏汉入江。龟山乃汉南江北之余，安能遏汉，遏汉则北折，去汉益远，安能南入于江。""指龟山为大别，自唐人始。"（见《长江图说》）今图大别山脉自桐柏山起，作西北东南向，绵宜于豫、鄂、皖三省之交，为江、淮之分水岭，绵延约二百公里，平均高度一千公尺左右。[④]

江灏、钱宗武： 就是湖北、安徽交界处的大别山。[⑤]

刘起釪： 自杜预起，陆续有一些学者，大都以汉水入江处为根据，来寻大别山之地。因而以所谓汉阳东北半里汉水西岸之山当之，则即今汉阳龟山，与武昌

① 曾运乾：《尚书正读》，上海：华东师范大学出版社，2011年，第79-80页。
② 郭仁成：《尚书今古文全璧》，长沙：岳麓书社，2006年，第62页。
③ 屈万里：《尚书今注今译》，上海：上海辞书出版社，2021年，第56页。
④ 李长傅：《禹贡释地》，商丘：中州书画社，1982年，第108页。
⑤ 江灏、钱宗武：《今古文尚书全译》，贵阳：贵州人民出版社，1990年，第84页。

蛇山隔江相对之山。然龟山不大，又古名翼际山、鲁山，从不名大别，且《禹贡》并未言大别即在汉水入江之处。"导水章"但言汉水过三澨、大别，然后入江。三澨在今襄阳境，则汉水先过鄂北之襄阳，再过鄂东之大别，而后入江，正合地理形势。所以此山仍当是汉时六安国安丰县西南即今鄂皖边界之大别山。该山磅礴及于鄂东麻城、黄陂之境，正亦汉水入江区域内，其为《禹贡》之大别是无疑的。……此山系接着大巴山以东，绵延长江以北，从汉水西岸的内方起，东经汉水东的大洪山脉，直至鄂东大别山脉，皆属荆州（大别山之北脉入扬州）。[①]

编者按

大别，《地理志》云在六安国的安丰县（今河南固始县东南，临安徽霍丘境）西南；王鸣盛引《续汉志》云东汉时六安国改属庐江郡，故郑玄、《水经》等皆云大别在庐江安丰县；唐《孔疏》云《地理志》无大别，此说多遭致后儒批驳，如皮锡瑞、孙星衍、王鸣盛等清儒便斥之为"失检"、"捡之不密"、"误也"，然亦皆认同大别庐江安丰说，这是第一说。

另一种说法，伪孔传云大别在荆州，汉水所经；杜预注《左传定公四年》"吴伐楚……（楚）子常济汉而阵，自小别至于大别"云："《禹贡》汉水至大别南入江，然则此二别在江夏（江夏郡，今鄂东地区）界。"[②]认为大别山在江夏界；《水经注》云江水东流经鲁山（古翼际山）南，并引《地说》云"汉与江合于衡北翼际山旁者也。"[③]《元和志》便直云："鲁山一名大别山，其山前枕蜀江，北带汉水。"[④]直接将荆州的鲁山（即今汉阳龟山）作大别山，清人胡渭亦总结云："大别山，杜元凯已知在江夏而不在安丰，郦氏亦主杜

---

① 顾颉刚、刘起釪：《尚书校释译论》，北京：中华书局，2005年，第779-780。

② 顾颉刚、刘起釪：《尚书校释译论》，北京：中华书局，2005年，第779页。

③ 顾颉刚、刘起釪：《尚书校释译论》，北京：中华书局，2005年，第779页。

④ 李长傅：《禹贡释地》，商丘：中州书画社，1982年，第103页。

说，而终不能指鲁山为大别，至唐人始能言之。"[1]《孔疏》引杜预注后云："二别近汉之名，无缘得在安丰县。……必在荆州界也。"[2] 宋人苏轼、傅寅、林之奇、蔡沈，清人胡渭，今人曾运乾、郭仁成、屈万里等亦持此说，且都以汉水入江处为根据，来寻大别山之地，如苏轼《书传》："二别山皆在汉上。"[3] 傅寅《禹贡说断》："汉上，当是汉阳界山也。"[4] 蔡传："《左传》吴与楚战，楚济汉而陈，自小别至于大别，盖近汉之山。今汉阳军汉阳县北大别山是也。《地志》、《水经》云'在安丰'者非是。"[5]《锥指》："大别山在汉阳府城东北半里汉水西岸。"[6] 郭仁成："《地理今释》……'大别山在今汉阳府汉阳县东北半里汉水西岸。'汉阳县在今湖北中部偏西。"[7] 曾运乾："《元和志》云：'鲁山，一名大别山，在汉阳县东北一百步。'则今汉口西岸晴川阁畔嗷江之山，与南岸黄鹤相对者。"[8] 屈万里："大别，山名，一名鲁山，在今湖北汉阳县东北。"[9]

鲁山即今汉阳龟山，与武昌蛇山隔江相对，龟山不大，又古名翼际山、鲁山，然从不名大别，且《禹贡》并未言大别在汉水入江之处，王鸣盛《后案》亦云："杜预以二别当近汉水，故臆度在此，并无所据，而相延至今。"[10]《禹贡》"导水章"中提到汉水过三澨、大别，南入于江，三澨在今襄阳境，汉水先过鄂北之襄阳，再过鄂东之大别，而后入江，正合地理形势，所以此山仍当是汉时六安国（庐江郡）安丰县西南之大别，即今鄂皖边界之大别山，

① 顾颉刚、刘起釪：《尚书校释译论》，北京：中华书局，2005年，779页。

② （唐）孔颖达：《尚书正义》，北京：北京大学出版社，1999年，第159页。

③ 顾颉刚、刘起釪：《尚书校释译论》，北京：中华书局，2005年，第779页。

④ 顾颉刚、刘起釪：《尚书校释译论》，北京：中华书局，2005年，第779页。

⑤ （宋）蔡沈：《书集传》，南京：凤凰出版社，2010年，第59页。

⑥ 顾颉刚、刘起釪：《尚书校释译论》，北京：中华书局，2005年，第779页。

⑦ 郭仁成：《尚书今古文全璧》，长沙：岳麓书社，2006年，第62页。

⑧ 曾运乾：《尚书正读》，北京：中华书局，2015年，第80页。

⑨ 屈万里：《尚书今注今译》，上海：上海辞书出版社，2021年，第56页。

⑩ （清）王鸣盛：《尚书后案》，北京：北京大学出版社，2012年，第182页。

"该山磅礴及于鄂东麻城、黄陂之境，正亦汉水入江区域内，其为《禹贡》之大别是无疑的。……此山系接着大巴山以东，绵延长江以北，从汉水西岸的内方起，东经汉水东的大洪山脉，直至鄂东大别山脉，皆属荆州（大别山之北脉入扬州）。"①

岷山之阳，至于衡山，过九江，至于敷浅原。

敷浅原

汉·班固：豫章郡历陵（今德安）：傅阳山，古文以为敷浅原。②

敷浅原即傅阳山。

东晋·伪孔传：敷浅原，一名博阳山，在扬州豫章界。③

敷浅原为博阳山。

唐·孔颖达：《地理志》豫章历陵县南有博阳山，古文以为敷浅原。④

宋·苏轼：豫章历陵县南有博阳山，即敷浅原。⑤（《书传》）

宋·朱熹：博阳山在今（宋）江州德安县，为山甚小而卑，不足以有所表见。……庐阜则甚高且大……所以识夫衡山东过一支之所极者，唯是为宜。（《九江彭蠡辨》）德安县敷阳山正在庐山之西南，故谓之敷阳，非以其地即为敷浅原也。若如旧说，正以敷阳为敷浅原，则此山甚小，又非山脉尽处。⑥（《语类》）

---

① 顾颉刚、刘起釪：《尚书校释译论》，北京：中华书局，2005 年，第 779-780
② 李长傅：《禹贡释地》，商丘：中州书画社，1982 年，第 104 页。
③ （唐）孔颖达：《尚书正义》，北京：北京大学出版社，1999 年，第 159 页。
④ （唐）孔颖达：《尚书正义》，北京：北京大学出版社，1999 年，第 159 页。
⑤ （清）纪昀、陆锡熊、孙士毅等：景印文渊阁四库全书，台北：台湾商务印书馆，1986 年，54-528。
⑥ 顾颉刚、刘起釪：《尚书校释译论》，北京：中华书局，2005 年，第 781 页。

敷阳山因在庐山西南，故谓之敷阳，此山甚小而卑，又非山脉尽处，不当为《禹贡》敷浅原，"敷浅原"当为庐山。

宋·蔡沈：敷浅原，《地志》云："豫章郡历陵县南有傅阳山，古文以为敷浅原。"今江州德安县博阳山也。晁氏以为在鄱阳者非是。今按晁氏以鄱阳有博阳山，又有历陵山，为应《地志》历陵县之名。然鄱阳汉旧县地，不应又为历陵县。山名偶同，不足据也。江州德安虽为近之，然所谓"敷浅原"者，其山甚小而卑，亦未见其为在所表见者。惟庐阜在大江、彭蠡之交，最高且大，宜所当纪志者而皆无考据。恐山川之名，古今或异，而传者未必得其真也，姑俟知者。[①]

敷浅原或为庐山，同于朱熹说。

宋·乐史：（德安县）："敷浅山，一名博阳山。按《尚书》云过九江至于敷浅原，一名博阳山，在扬州豫章界。"[②]

（鄱阳县）：敷浅山，一名傅阳山。《禹贡》曰过九江至于敷浅原。[③]（《太平寰宇记》）

敷浅原为江西德安县、鄱阳县的敷浅山（傅阳山、博阳山）。

元·王充耘：敷浅原恐非庐山，高平曰原，而又名敷浅，则必平旷之地不为高山可知。《禹》导山即所以导水，不论山之高大。[④]（《读书管见》）

敷浅原非庐山。

清·朱鹤龄：傅阳山，《汉志》得之古文，可据也。朱子疑卑小不足表识。绎敷浅之名，正不当求之高大。盖傅阳在古本高平之地。后人名之为山耳。导江

---

① （宋）蔡沈：《书集传》，南京：凤凰出版社，2010年，第59页。

② 李长傅：《禹贡释地》，商丘：中州书画社，1982年，第104页。

③ 李长傅：《禹贡释地》，商丘：中州书画社，1982年，第104页。

④ 顾颉刚、刘起釪：《尚书校释译论》，北京：中华书局，2005年，第781页。

汉之山至大别、敷浅原而即止者，以江汉至此合流赴海，不烦殚力随刊。况导水可以互见，岂必求之山脉尽处耶？[1]（《禹贡长笺》）

　　敷浅之名，不当求之高大，傅阳在古时本指高平之地，后人名之为山而已，反对朱熹说。

清·胡渭：古文以历陵之傅阳山为敷浅原，当有所本。……（朱子）其意以庐阜为敷浅原，然此山高峻，似不可名之曰原。……愚谓敷浅原在庐山东南之麓，迫近彭蠡，禹导山至此而还，故特书之，不必择高大者以为表识，亦无论其山脉之尽与不尽也。[2]

　　反对朱熹庐山说，认为庐山高峻，不可称为"原"，敷浅原当为庐山东南之麓，迫近彭蠡，禹导山至此而还，不必择其高大者，亦不必论其山脉之尽与不尽。

清·陈澧：自衡山过九江，则在江北矣，敷浅原安得在豫章郡乎！[3]（《东熟读书记》）

　　敷浅原在江北，不在豫章郡。

清·姚鼐：敷浅原在和州六合间。[4]

　　和州，今安徽省东部。

清·王先谦：《一统志》："傅易山在德安县南十二里。"《通典》："江州浔阳县有蒲塘驿，即汉历陵也。驿前有敷浅原，原西数十里有敷阳山。"胡渭云："杜佑以驿为历陵，殆因莽改历陵为蒲亭，遂以蒲塘附会。"《蔡传》注："晁以道云：'饶州鄱阳界有历陵故县。'"成蓉镜云："鄱阳山在九江府治西

---

① 顾颉刚、刘起釪：《尚书校释译论》，北京：中华书局，2005 年，第 781 页。
② 顾颉刚、刘起釪：《尚书校释译论》，北京：中华书局，2005 年，第 781 页。
③ 李长傅：《禹贡释地》，商丘：中州书画社，1982 年，第 104 页。
④ 李长傅：《禹贡释地》，商丘：中州书画社，1982 年，第 104 页。

北百五十里，吴至隋皆为鄱阳郡，后唐移今所。然则府城西当即故历陵地。蒲塘驿距九江甚近，以此当敷浅原，与经文'至于'义例不合。"明《舆地图》饶州府治鄱阳县有"敷浅"二字，以地望测之，今北珠湖、上湖、西湖之西，鄱阳湖之东，有平原长数十里，即其地。《说文》："原，高平之野，人所登。"原有山体，故称傅易山，犹强梁原亦称华原山也。①

　　"敷浅原"当为有山体的一块平原，在饶州府鄱阳县（今江西省鄱阳县），有平原长数十里，即其地。《通典》记江西浔阳县有蒲塘驿，即汉历陵，驿前有敷浅原，原西数十里有敷阳山；但据胡渭考证，东汉王莽改历陵为蒲亭，杜佑以蒲塘附会，非一处；之后引《蔡传》、成蓉镜云说明历陵故县当为饶州鄱阳，蒲塘驿距九江甚近，以此当敷浅原，与经文义例不合，故"敷浅原"当在鄱阳县。

顾颉刚、刘起釪：此数家皆尽力驳朱熹之说，以为庐山是山而非原，此原，只能是庐山南麓傅阳高平之地，其说较可取。②

曾运乾：敷浅原，《汉志》"豫章郡历陵傅阳山，傅阳川在南，古文以为敷浅源。"按《汉志》历陵在今江西九江县东，傅阳即鄱阳。"鄱""傅"声相近。"敷""傅"声亦同。傅阳山即鄱阳山，亦即敷浅源，亦即今之庐山。"敷""庐"声相转者，如"皮肤"之"肤"，籀文则作"臚"也。或谓高平曰原，当为地名，不为山名。不知本文导山，凡言至于皆为山名。如荆山、太岳、王屋、碣石、太华、荆山、大别、衡山皆是。若作地名，则于经例不合矣。方氏《通雅》云："《禹贡》表山，岂高山如庐而不表耶？"其说是也。盖五岭山脉至于骑田大庾之间，北出一支为湘、赣二水之界山，东北行则尽于庐山矣。此长江、珠江两川之间之山脊也。③

　　"鄱"、"傅"、"敷"声近，"敷"、"庐"声相转，皆为一字，故

① （清）王先谦：《尚书孔传参正》，北京：中华书局，2011 年，第 310 页。

② 顾颉刚、刘起釪：《尚书校释译论》，北京：中华书局，2005 年，第 781-782 页。

③ 曾运乾：《尚书正读》，上海：华东师范大学出版社，2011 年，第 80-81 页。

"敷浅原"即傅阳山、鄱阳山、敷浅源，又为庐山；其不为地名，因《禹贡》导山，凡言至于者皆为山名，作地名则于经例不合，《禹贡》表山独缺庐山，此处当是。

樊东：敷浅原：江西庐山东麓地区。[①]

黄怀信：敷浅原：即后世之傅阳山，在今江西庐山东麓。[②]

王世舜、王翠叶：敷浅原；山名。前人所见不同，或以为在今庐山，或以为在今江西德安境。待考。[③]

敷浅原为山名，地域待考。

江灏、钱宗武：曾运乾《尚书正读》认为就是现在江西庐山。[④]

编者按

"敷浅原"，《汉志》豫章郡历陵县（今江西省德安县）下云："傅易山傅易川在南，古文以为傅浅原。"[⑤]颜师古云："傅读曰敷，易，古阳字。"[⑥]段玉裁《古文尚书撰异》云："此作傅，知作敷者浅人所改也，犹傅土改敷土也。"[⑦]今人曾运乾亦认为"敷"、"傅"声同，故即使原作"傅"，然《禹贡》作"敷浅原"流传已久，人已习用，不用改回。

"敷浅原"，《汉志》亦作傅阳山，在豫章郡历陵县（即今江西省德安县）；伪孔、孔疏、苏轼等作"博阳山"，亦认为在豫章界；宋人乐史、清

---

① 樊东：《尚书译注》，北京：北京联合出版公司，第36页。
② 黄怀信：《尚书注训》，济南：齐鲁书社，2002年，第77页。
③ 王世舜、王翠叶：《尚书》，北京：中华书局，2021年，第80页。
④ 江灏、钱宗武：《今古文尚书全译》，贵阳：贵州人民出版社，1990年，第84页。
⑤ 顾颉刚、刘起釪：《尚书校释译论》，北京：中华书局，2005年，第780页。
⑥ 顾颉刚、刘起釪：《尚书校释译论》，北京：中华书局，2005年，第780-781页。
⑦ 顾颉刚、刘起釪：《尚书校释译论》，北京：中华书局，2005年，第781页。

人王先谦等亦皆持此说。

今江西德安县南十二里有博阳山，山不高，朱熹《九江彭蠡辨》中认为此山在庐山西南，但山甚小而卑，"又非山脉尽处"，"不足以有所表见"[1]，庐山则甚高且大，当为此处之"敷浅原"；蔡沈《书集传》承此说，亦认为庐山"在大江、彭蠡之交，最高且大，宜所当纪志"[2]，江西鄱阳县虽有博阳山、历陵山，但只是"山名偶同，不足据"，而《汉志》所记德安县的博阳山，虽为近之，然"其山甚小而卑，亦未见其为在所表见者"。今人曾运乾认为"鄱"、"傅"声相近，"敷"、"傅"声亦同，"敷""庐"声相转，"傅阳山即鄱阳山，亦即敷浅源，亦即今之庐山。"且认为《禹贡》导山，凡言至于者皆为山名，《禹贡》表山独缺庐山，此处当是。今人王世舜、王翠叶、江灏、钱宗武等亦持此说。

然亦有学者反对庐山说。王充耘《读书管见》中认为"敷浅原恐非庐山，高平曰原，而又名敷浅，则必平旷之地不为高山可知。"[3]且认为禹导山是为导水，不论山之高大。清人朱鹤龄亦认为"绎敷浅之名"，不当求之高大，"傅阳在古本高平之地。后人名之为山耳"，"傅阳山，《汉志》得之古文，可据也。"[4]赞同《汉志》说。胡渭也认为庐山高峻，不可称之曰"原"，敷浅原当为庐山东南之麓，迫近彭蠡，禹导山至此而还，不必择其高大者，亦不必论其山脉之尽与不尽。王先谦引《说文》释"原"，则认为"敷浅原"当为鄱阳县有山体的一块平原，长数十里。今人樊东、黄怀信则大致说"敷浅原"在江西庐山东麓地区；今人顾颉刚、刘起釪《尚书校释译论》中云："此数家皆尽力驳朱熹之说，以为庐山是山而非原，此原，只能是庐山南麓

---

① 顾颉刚、刘起釪：《尚书校释译论》，北京：中华书局，2005年，第781页。

② （宋）蔡沈：《书集传》，上海：凤凰出版社，2010年，第59页。

③ 顾颉刚、刘起釪：《尚书校释译论》，北京：中华书局，2005年，第781页。

④ 顾颉刚、刘起釪：《尚书校释译论》，北京：中华书局，2005年，第781页。

傅阳高平之地，其说较可取。"[1]此说为是。

另外，还有一些其他的说法，如清人陈澧认为敷浅原在江北，不在豫章郡；今人王世舜、王翠叶则认为敷浅原为山名，"前人所见不同，或以为在今庐山，或以为在今江西德安境。待考。"[2]

① 顾颉刚、刘起釪：《尚书校释译论》，北京：中华书局，2005 年，第 781-782 页。
② 王世舜、王翠叶：《尚书》，北京：中华书局，2021 年，第 80 页。

第二章

导水歧解辑录

导弱水，至于合黎，馀波入于流沙。

弱水

《山海经》： 西海之南，流沙之滨有大山，曰昆仑之丘，其下有弱水之渊环之。[①]

西汉·司马迁： 安息长老传闻有弱水西王母，而未尝见。[②]（《史记·大宛传》）

东汉·郑玄： 众水皆东，此独西流，故记其西下也。[③]

西晋·郭璞： 其水不胜鸿毛。[④]

西晋·张华： 汉武帝时，西域胡来献香，乘毛车以渡弱水。[⑤]（《博物志》）

南朝·范晔： 大秦国西有弱水、流沙，西王母所居处，近于日所入也。[⑥]（《后汉书·西域传》）

后晋·刘昫： 东女国王居康延川中，有弱水南流，用牛皮为船以渡。[⑦]（《旧唐书》）

弱水在东女国（位于今四川省阿坝州金川县）的康延川。

唐·颜师古： 弱水谓西域绝远之水，乘毛车以渡者耳，非张掖弱水也。[⑧]

弱水为西域绝远之水，非张掖弱水。

---

① （清）胡渭：《禹贡锥指》，上海：上海古籍出版社，2013 年，第 396 页。
② （清）胡渭：《禹贡锥指》，上海：上海古籍出版社，2013 年，第 396 页。
③ （清）王鸣盛：《尚书后案》，北京：北京大学出版社，2012 年，第 166 页。
④ （清）胡渭：《禹贡锥指》，上海：上海古籍出版社，2013 年，第 396 页。
⑤ （清）胡渭：《禹贡锥指》，上海：上海古籍出版社，2013 年，第 397 页。
⑥ （清）胡渭：《禹贡锥指》，上海：上海古籍出版社，2013 年，第 397 页。
⑦ （清）胡渭：《禹贡锥指》，上海：上海古籍出版社，2013 年，第 397 页。
⑧ （清）胡渭：《禹贡锥指》，上海：上海古籍出版社，2013 年，第 396 页。

唐·陆德明： 弱，本或作溺。①

唐·司马贞： 弱水有二源，皆出女国北阿耨达山，即昆仑也。南流合于女国东，去国一里，深丈余，阔六十步，非毛舟不可济，南流入海。②（《史记索隐》）

弱水源自女国北的昆仑山，向南流经女国东，非毛舟不可济，南流入海。

宋·林之奇： 东坡《潜珍阁铭》云："悼此江之独西，叹好意之不陈。"则水之西流者固有之，惟弱水之势利于西流，方其禹功未施，则东流合于中国众水而增其患害，故禹将治中国水，导之于塞外，以其利于西也。故决之使西，以顺其势，不使与众水共为东流，所谓行其无事也。③

弱水西流，东坡亦有记载，故禹顺其势导之西流于塞外，不与众水共为东流而增其患害。

宋·曾旼： 弱水不能任物，其受物皆沈，置舟焉，浅则胶，深则溺，盖舟楫之害，故禹导之使西。则其水不由中国，又归其余波于流沙，所以绝之使其害不广。④

认为弱水无力不能受任重物，故禹导之使西，使不为中国舟楫之害，然此说为林之奇所反对，他认为禹导弱水使西者，"惟因其势之不得不西"，水势可以东流而必使之西，"则是逆水之性，非所谓行其所无事"，故"曾氏之说在所不取。"⑤

宋·程大昌： 自西汉以来，指言弱水之地，其显著者凡六，而班固《地志》已三出矣。条支，一也；酒泉、昆仑，二也；张掖删丹本桑钦说，以为西至酒泉

---

① （唐）孔颖达：《尚书正义》，北京：北京大学出版社，1999 年，第 159 页。

② （清）胡渭：《禹贡锥指》，上海：上海古籍出版社，2013 年，第 397 页。

③ （宋）林之奇：《尚书全解》，北京：人民出版社，2019 年，第 152 页。

④ （宋）林之奇：《尚书全解》，北京：人民出版社，2019 年，第 152 页。

⑤ （宋）林之奇：《尚书全解》，北京：人民出版社，2019 年，第 152 页。

合黎，三也；自《汉志》以外，贾耽以张掖郡之张掖河当之，《唐史》以小勃律之娑夷河、东女之康延川当之。其多如此。臣惟取条支妳水之西入西海者，以应经文，而他皆不取，为其地望不与经合也。经曰"弱水既西"，桑、班、贾三家所称，皆不出乎甘、肃两州之间，其水未尝西流，故臣深所不据。而本《汉书》初通西域时长老所传条支弱水以为经证，其水西流注于西海，以声教讫于四海者概之，故敢主其说。[①]

《汉书·地理志》中记弱水者三处：条支，酒泉、昆仑，出张掖删丹西至酒泉合黎者，还有以张掖郡之张掖河、小勃律国之娑夷河或东女国之康延川当之，然皆不取，惟条支国妳水之西入西海者，才是《禹贡》之弱水，且水西流注于西海，符合《禹贡》所叙。

宋·蔡沈： 柳宗元曰："西海之山有水焉，散涣无力，不能负芥。投之则委靡垫没，及底而后止，故名曰弱。"……《地志》云，在张掖郡删丹县。薛氏曰：弱水出吐谷浑界穷石山，自删丹西至合黎山，与张掖县河合。又按《通鉴》，魏太武击柔然，至栗水西行至菟园水分军收讨，又循弱水西行至涿邪山。则弱水在菟园水之西，涿邪山之东矣。《北史》载太武至菟园水分军搜讨，东至瀚海，西接张掖水，北渡燕然山。与《通鉴》小异，岂瀚海、张掖水于弱水为近乎？程氏据《西域传》以弱水为在条支，援引甚悉。然长安西行一万二千二百里，又百余日方至条支，其去雍州如此之远，禹岂应穷荒而导其流也哉？其说非是。[②]

柳氏以弱水在西海之山，散涣无力，不能负芥，为据神话传说，顾名思义，不足为训；《资治通鉴》以弱水在菟园水西、涿邪山东，《北史》与之所载者异；程氏据《西域传》以弱水在条支（古西域国名，约在今伊拉克境内），然此地距雍州遥远，此说不确。

清·胡渭： 今按近志弱水出山丹卫西南穷石山，《离骚》"夕次于穷石"即

① （清）胡渭：《禹贡锥指》，上海：上海古籍出版社，2013年，第391页。
② （宋）蔡沈：《书集传》，南京：凤凰出版社，2010年，第56页。

此，《淮南子》云：弱水出穷石山也。……北流迳其卫西，又西北迳甘州卫北，……又西迳合黎山，与张掖河合。……张掖河古羌谷水也，一名合黎水，出卫西吐谷浑界，北流径张掖县北，合弱水，为张掖河，自下通兼弱水之目。……弱水又西北径高台所北，……又西迳镇夷所南，……又西北出合黎山峡口，……又东北径居延故城，又东北入居延泽。……据《后汉书·东夷传》：夫余国北有弱水。《晋书·四夷传》：挹娄国东滨大海，北极弱水。《唐书·北狄传》：贞观三年以奚国阿会部为弱水州。则似弱水自居延泽东北流，历夫余、挹娄之北境，而归于东海。其所行之远，当亦不下黑水也。[1]

> 胡渭叙述了弱水的流经路程，弱水发源于丹山县西南的穷石山，流经合黎山与合黎水（张掖河、羌谷水）合，自下称作弱水，之后经高台北、镇夷南，出合黎山峡口，又东北经居延城后，东北入居延泽，之后东北流，历夫余、挹娄国北境，而归于东海。

《新唐书》：东女国有弱水南流，缝革为船。以上所言皆在绝域，史固云传闻有之，而未尝见。且鸿毛不胜，草芥难负，而顾可乘毛车皮船以渡乎？此齐谐志怪之流，不足深论，藉令有之，亦与《禹贡》之弱水无涉。而韩汝节乃曲护程大昌之说，以为禹所导者，虽在雍地，而其水实与条支之弱水通为一川。嗜痂之癖，吾所不解。[2]

> 不赞同神话传说中关于弱水的描述，亦不赞同程大昌、韩汝节等论。

清·王先谦：《汉志》"张掖郡""删丹"（今甘肃省山丹县治。）云："桑钦以为道弱水自此，西至酒泉合黎。"[3]

李长傅：弱水……为古代传说中之地理现象。《山海经·大荒西经》："西海之南，流沙之滨，赤水之后，黑水之前，有大山名曰昆仑之丘，其下有弱水之

---

① （清）胡渭：《禹贡锥指》，上海：上海古籍出版社，2013 年，第 388-390 页。
② （清）胡渭：《禹贡锥指》，上海：上海古籍出版社，2013 年，第 397 页。
③ （清）王先谦：《尚书孔传参正》，北京：中华书局，2011 年，第 311 页。

渊环之。"《淮南子》："弱水余波入于流沙，南至南海。"……《史记·大宛传》："安息长老传闻条支国有弱水、西王母，而未尝见。"《后汉书·西域传》："大秦国西有弱水、流沙，近西王母所居处，几于日所入也。"蔡沈《书集传》："柳宗元曰，西海之山有水焉，散涣无力，不能负芥，投之则委靡垫没，及底而后止，故名曰弱。"胡渭说，"其说本《山海经》弱水"。郭璞曰，"其水不胜鸿毛。"则弱水……是我国古代对西北沙漠地区内陆河流一种传闻性的了解，带有浓厚的传奇色彩以夸张。以后，随着地理知识的发展，遂指额济纳河为弱水，并进一步对其他檄外之水加以命名。《后汉书·东夷传》："扶余国北有弱水。"《晋书·四夷传》："邑娄国东滨大海，北极弱水。"此二弱水指松花江。《唐书·北狄传》："贞观三年，以奚国阿会部为弱水州。"此弱水指辽河上源之西喇木伦河。《史记·正义》："弱水有两源，皆出女国北阿耨达山，即昆仑山也。南流会于女国东，去国一里，非毛舟不可济，南流入海。"《新唐书·西域传》："东女国有弱水南流，缝革为船。"此弱水指雅鲁藏布江或恒河。[①]

江灏、钱宗武：（弱水）又名张掖河，经张掖、高台、毛目，北流入居延海。[②]

编者按

弱水原是古代神话传说中的一条河流，许多典籍中都有记载，如《山海经》、《史记·大宛传》、《博物志》、《后汉书·西域传》、《史记索隐》等，此外柳宗元、曾旻、蔡沈等儒者亦有相关论述，将弱水作西王母所居处、近日入处，或顾名思义，将"弱水"理解为一条散涣无力，不胜鸿毛，不能负芥之河，惟有乘毛车，以牛皮为船，或缝革为船才可渡之，其实"此齐谐志怪之流，不足深论"[③]；弱水，《说文·水部》、《经典释文》皆作"溺"，

---

① 李长傅：《禹贡释地》，商丘：中州书画社，1982年，第106-107页。

② 江灏、钱宗武：《今古文尚书全译》，贵阳：贵州人民出版社，1990年，第82页。

③ （清）胡渭：《禹贡锥指》，上海：上海古籍出版社，2013年，第397页。

郑玄认为"众水皆东，此独西流，故记其西下也。"[1] 是《禹贡》中最西的水，也是唯一向西流的水，此水名虽源自神话中，然现实当中确实有这条河；关于弱水的地理及流向，历代众说纷纭，宋人程大昌总结认为，"自西汉以来，指言弱水之地，其显著者凡六"，而《汉志》中就有三处，分别为条支；酒泉至昆仑；发源于张掖删丹县，西至酒泉合黎者；此外，还有以张掖郡之张掖河（贾耽）、小勃律国（古国名，在今克什米尔的吉尔吉特）之娑夷河（今克什米尔西北部吉尔吉特附近印度河北岸支流）、东女国之康延川等当之，然其认为惟有条支国的妫水，才是《禹贡》之弱水；蔡传引《地志》、《通鉴》、《北史》等，认为弱水在菟园水（今天蒙古图音河）之西，涿邪山之东，即《汉志》所记之弱水，程氏所叙之条支，距长安遥远，非《禹贡》弱水，此说为是。

弱水当从《汉志》等说，其为发源于今甘肃山丹县，西北流至张掖合羌谷水（又称张掖河、合黎水），过合黎山西南，折而北流过沙漠，最后入居延海，胡渭《锥指》中有较为详尽的论述；然亦有指其他一些地区河流为弱水者，如《禹贡释地》中所记扶余国、邑娄国北、奚国阿会部和东女国的弱水，虽亦称弱水，然皆非《禹贡》之弱水。

合黎

东晋·伪孔传： 合黎，水名，在流沙东。[2]

唐·陆德明： 合黎，马云地名。[3]

唐·孔颖达： 正义曰：弱水得入合黎，知"合黎"是水名。顾氏云："《地说书》合黎，山名。"但此水出合黎，因山为名。郑玄亦以为山名。[4]

---

① （清）王鸣盛：《尚书后案》，北京：北京大学出版社，2012年，第166页。

② （唐）孔颖达：《尚书正义》，北京：北京大学出版社，1999年，第159页。

③ 顾颉刚、刘起釪：《尚书校释译论》，北京：中华书局，2005年，第784页。

④ 顾颉刚、刘起釪：《尚书校释译论》，北京：中华书局，2005年，第160页。

"合黎"是水名，但此水出合黎山，因山得名。

宋·苏轼： 合黎山在张掖郡删丹县。[①]（《书传》）

宋·蔡沈： 合黎，山名。《隋地志》在张掖县西北，亦名羌谷。[②]

宋·易祓： 合黎山在张掖二百里，俗名要涂山。[③]（《禹贡疆理记》）

合黎山又名要涂山。

清·孙星衍： 马融曰："合黎，地名。"郑康成曰："山名。……《地说》云'合黎山在酒泉会水县东北。'"……《水经·禹贡山水泽地所在》云："合黎山在酒泉会水县西北。"……会水县在今甘肃高台县西北……[④]

合黎山在酒泉会水县，今甘肃张掖市高台县。

清·王先谦： 伪传云："合黎，水名"，误……《山水泽地篇》："合黎山，在会水县东北。"（会水，汉属酒泉，在今高台县镇夷城东北。）注云："合黎山也。"……《括地志》："兰门山，一名合黎，一名穷石山，在删丹县西南七里。"案：山自甘州卫西北绵延而西，接高台镇夷界。[⑤]

合黎非水名。合黎又名兰门山，一名穷石山，在删丹县（今甘肃张掖山丹县）西南七里。

黄怀信： 合黎：山名，在今内蒙古巴丹吉林沙漠以南。[⑥]

---

① （清）纪昀、陆锡熊、孙士毅等：景印文渊阁四库全书，台北：台湾商务印书馆，1986 年，54-528。

② （宋）蔡沈：《书集传》，南京：凤凰出版社，2010 年，第 60 页。

③ 顾颉刚、刘起釪：《尚书校释译论》，北京：中华书局，2005 年，第 785 页。

④ （清）孙星衍：《尚书今古文注疏》，北京：中华书局，2017 年，第 186 页。

⑤ （清）王先谦：《尚书孔传参正》，北京：中华书局，2011 年，第 310-311 页。

⑥ 黄怀信：《尚书注训》，济南：齐鲁书社，2002 年，第 78 页。

王世舜、王翠叶：合黎：古人说法不一，概言之约有三说：（一）马融以合黎为地名；（二）郑玄以合黎为山名；（三）《孔传》以合黎为水名。现在的张掖河即古时合黎水，合黎水东面即合黎山，故三说虽不同，其实并无多大差别。①

曾运乾：刘逢禄云："今有合黎河，在肃州西南，会弱水入合黎山，即《传》所云在大流沙东者也。"②

合黎河或因山得名。

顾颉刚、刘起釪：合黎山实斜亘于今甘肃张掖高台至天城镇一线的东北方，绵亘三百余里，俗称要涂山之山。③

编者按

"合黎"，司马贞《史记集解》："马云、王肃皆云合黎、流沙是地名。"④陆德明《经典释文》："合黎，马云地名。"⑤伪孔云："合黎，水名，在流沙东。"⑥孔疏亦云："弱水得入合黎，知'合黎'是水名。"⑦复引顾氏云《地说书》合黎作山名，此水出合黎，或因山得名。郑玄亦以为山名。可知"合黎"有三说：地名、水名、山名说。

释"合黎"作山名者较多。如苏轼认为合黎山在张掖郡删丹县（即今甘肃省张掖市山丹县）；易祓认为合黎山在张掖二百里，又名要涂山；孙星衍认为合黎山在甘肃张掖市高台县；王先谦认为合黎又名兰门山，一名穷石山，

---

① 王世舜、王翠叶：《尚书》，北京：中华书局，2021 年，第 80 页。
② 曾运乾：《尚书正读》，上海：华东师范大学出版社，2011 年，第 81 页。
③ 顾颉刚、刘起釪：《尚书校释译论》，北京：中华书局，2005 年，第 785 页。
④ 顾颉刚、刘起釪：《尚书校释译论》，北京：中华书局，2005 年，第 784 页。
⑤ 顾颉刚、刘起釪：《尚书校释译论》，北京：中华书局，2005 年，第 784 页。
⑥ （唐）孔颖达：《尚书正义》，北京：北京大学出版社，1999 年，第 159 页。
⑦ （唐）孔颖达：《尚书正义》，北京：北京大学出版社，1999 年，第 160 页。

在删丹县（今甘肃张掖山丹县）西南七里；今人黄怀信则认为合黎山在今内蒙古巴丹吉林沙漠以南地区；王世舜《尚书》中认为，合黎古人说法不一，概言之约有三说：（一）地名，（二）山名，（三）水名，并认为现在的张掖河即古时合黎水，合黎水东面即合黎山，三说虽不同，其实并无多大差别。要言之，合黎即合黎山，"实斜亘于今甘肃张掖高台至天城镇一线的东北方，绵亘三百余里"，又名要涂山、兰门山或穷石山。

流沙

汉·班固：张掖郡居延：居延泽在东北，古文以为流沙。①（《汉志》）

流沙为居延泽，在张掖郡居延县东北。

东晋·伪孔传：弱水余波，西溢入流沙。②

北魏·郦道元：流沙，在居延县东北。泽在县故城东北，《尚书》所谓流沙者也，形如月生五日也；弱水入流沙，沙与水流行也。③（《水经注》）

流沙为居延泽，在居延县东北，形如弯月，沙与水流行。

宋·林之奇：……颜师古曰："流沙在墩煌西。"此说合于经文，当以颜氏之说为正。《益稷》曰："予决九川，距四海。"此篇终言"东渐于海，西被于流沙、朔南，暨声教讫于四海"，下文言"讫于四海"，其上言"西被于流沙"，则此流沙者盖是西海之水也。然不言西海而言流沙者，盖水入居延泽中遂不可见，不可以正名其为西海也。④

颜师古认为流沙在敦煌西；林氏认为流沙为西海之水，水入居延泽中不可见，故不言其西海而言流沙。

① 李长傅：《禹贡释地》，商丘：中州书画社，1982年，第106页。
② （清）胡渭：《禹贡锥指》，上海：上海古籍出版社，2013年，第393页。
③ 李长傅：《禹贡释地》，商丘：中州书画社，1982年，第106页。
④ （宋）林之奇：《尚书全解》，北京：人民出版社，2019年，第164页。

宋·蔡沈: 流沙,杜佑云:"在沙州西八十里,其沙随风流行,故曰流沙。"①

流沙为随风流行之沙。

清·胡渭: 薛氏曰:流沙,大碛也。在沙州西八十里,其沙随风流行,故名。陈氏曰:弱水之正者入合黎,其余则入于流沙也。金氏曰:大抵西北之地,多是沙碛。史书所谓河沙诸国,佛书所谓沙界恒河沙是也。沙则水渗而下,如沙州以西,山北之地,即连流沙。弱水渗其下也。……渭按:弱水入流沙,而谓之余波。盖时过衍溢,则分泄于流沙,不常入也。其正流自合黎山峡口,东北入居延泽,故此云余波。

《水经》:流沙地在张掖居延县东北。注云:居延泽在其县故城东,《尚书》所谓流沙……按弱水自合黎峡口以北,水不为患。禹治此水止于合黎,未尝及其北。故雍州云"弱水既西",而"导水"则有"入流沙"之文,无"入居延泽"之文。后人以目验之,见弱水实入居延泽,则以是为流沙云尔,亦莫计其在合黎之西,与合黎之东也。虽然经云"西被于流沙",苟在居延,是北而非西矣。经岂有二流沙哉?若夫风吹流行,则碛中往往有之,未可以是定为禹贡之流沙也。

《通典》燉煌郡,古流沙地,其沙风吹流行,在郡西八十里。今为嘉峪关外废沙州卫地【卫在肃州卫西八百六里。】《楚辞·招魂》云:西方之害,流沙千里,旋入雷渊,靡散而不可止。《山海经》云:流沙出钟山西行,又南行昆仑墟,西南入海。《晋书》:咸康元年,张骏使杨宣越流沙,伐龟兹。又苻坚建元十九年,吕光讨西域,自高昌进及流沙三百余里,无水,俄而大雨,得济。《魏书》:太平真君中,沮渠无讳自敦煌度流沙,西据鄯善,其士卒经流沙,渴死者太半。九年,帝遣万度归自敦煌,以轻骑度流沙,袭鄯善,下之。《周书》:鄯善西北有流沙数百里,夏日有热气,为行旅之患。风之欲至,唯老驼知之,即鸣而聚立,埋其口鼻于沙中,人每以为候,亦即将毡拥蔽鼻口,其风迅驶,斯须过尽,若不防者,必至危毙。《北史》:自鄯善西至且末七百里而遥,且末国有大流沙数百

---

① (宋)蔡沈:《书集传》,上海:凤凰出版社,2010年,第60页。

里。《裴矩西域记》：自高昌东南去瓜州千三百里，并沙碛，乏水草，四面茫然。《唐书西域传》：吐谷浑西北有流沙数百里，夏有热风，伤行人，风将发，老驼引项鸣，埋鼻沙中，人候之以毡蔽鼻口，乃无恙。郭义恭《广志》：流沙在玉门关外，东西数百里，有三断，名三陇云。渭按：以上诸书所言，皆禹贡之流沙也。自玉门、阳关出西域有两道，从鄯善并南山，北渡河，行至莎车为南道。是鄯善当流沙之路，故《周书》特系之鄯善。金吉甫云：尝问西域贾人识流沙否，曰识之。非惟沙流，石亦随之流也。此沙西南出数千里。《唐书·吐蕃传》：河源东北直莫贺延碛殆五百里，碛广五十里，北自沙州，西南入吐谷浑，寝狭，故号碛尾。隐测其地，盖剑南之西此碛尾者，乃流沙之尽处也。又有白龙堆，在废寿昌县阳关之西，东倚三危，北望蒲昌，盖亦流沙之属。……又有鸣沙山，在废沙州卫南。《通典》：沙州燉煌县有鸣沙山。《五代史》：高居海《使于阗记》云：瓜州南十里鸣沙山，冬夏殷殷有声如雷，即《禹贡》流沙也。《明一统志》云：古沙州城南七里有鸣沙山，沙如干糖，天气清朗，沙鸣闻数里外。夫三危、黑水皆在敦煌，而又有龙堆、鸣沙以为之证，《禹贡》之流沙不在居延明矣。然弱水至敦煌渗入沙中，宜也。而自镇夷所迄嘉峪关，亦不闻有西流出塞之水。以今验古，殊为可疑。……流沙之名，不止沙州矣。此皆禹门所目验而得之者。可见合黎之地，即是流沙。弱水余波，从此西溢，渗入沙中，无迹可寻，而东北入居延之流，滔滔不绝，治《尚书》者安得不以其泽为流沙也哉。近世经生，既不见西溢之故渎，又不知有东北之正流，宜其怅怅而无所适从也。

经曰"余波"，则必有正流在矣。说者皆忘此二字，但据雍州之文，则以为弱水西流，而不知有东北流也，据"导水"之文，则以为弱水径合黎，入流沙，而不知其正流绕合黎山东北，以入居延也。盖禹所施功者，止西流之道，故曰弱水既西。禹所循行者，止合黎山南，故曰至于合黎，入于流沙。然有"余波"二字，则东北正流，仍未尝抹杀，此化工笔也，世都愦愦，千年暗室，唯陈氏一言为之炳烛矣。

丁晏曰：《锥指》于流沙谓正流入居延泽，其余波别入流沙之地。案《汉志》张掖郡居延自注：居延泽，古文以为流沙。《水经·禹贡篇》同。《元和志》谓：居延海即居延泽，其沙风吹流行，故曰流沙。东樵泥于"余波"之文，谓《禹贡》流沙之不在居延。背古文而创新说，非解经之善者也。①

清·王鸣盛： 杜佑从师古说，近人因谓流沙在今嘉峪关外，遂于晋魏隋唐诸史，遍征西域流沙以当之。夫流沙多矣，非弱水所入，岂可据以易《汉志》古文说乎！且《王制》自西河至于流沙，千里而遥，惟其在居延故耳。如以龟兹、鄯善、且末、吐谷等国之流沙，皆牵引以充《禹贡》之流沙，则距西河且万里，安得云千里哉！经以删丹至酒泉为正流，酒泉至居延为余波。近人以合黎至居延皆正流，而居延非流沙，流沙自在西域，则是弱水之西流者，特其余波，而正流反东北流，不更悖乎！况今弱水实入居延，而嘉峪关外并无西流出塞之水乎！原其致误，皆由传以合黎在流沙东，弱水西入流沙二语启之。传之乱经如此。②

流沙不在嘉峪关外，如龟兹、鄯善、且末、吐谷等国之流沙，其距西河万里，非《禹贡》所叙之流沙；弱水实入居延，《禹贡》流沙当从《汉志》等说。

清·皮锡瑞： 《汉志》"张掖郡居延"云："居延泽在东北，古文以为流沙。"《郡国志》、《水经山水篇》同。《史记集解》引郑注："《地理志》流沙在居延西北，名居延泽。"云"西北"者，《尚书后案》以为裴误。《淮南堕形训》……又曰："西王母在流沙之滨……"王逸注《离骚》云："流沙，沙流如水也。《尚书》曰'馀波入于流沙。'"又注《招魂》云："流沙，沙流而行也。"③

《汉志》、《后汉书·郡国志》、《水经》皆以流沙为居延泽，在居延东北；裴骃《史记集解》云流沙（居延泽）在居延西北；王逸则认为流沙为沙流而行。

---

① （清）胡渭：《禹贡锥指》，上海：上海古籍出版社，2013 年，第 393-396 页。

② （清）王鸣盛：《尚书后案》，北京：北京大学出版社，2012 年，第 185 页。

③ （清）皮锡瑞：《今文尚书考证》，北京：中华书局，2009 年，第 173 页。

江灏、钱宗武： 郑玄引《汉书·地理志》说："流沙在居延西北，名居延泽。"居延泽就是今内蒙古自治区额济纳旗的嘎顺诺尔湖和苏古诺尔湖。流沙泛指居延泽附近的沙漠。[①]

李长傅： 今居延海为额济纳河所猪，分东西二海：东名索果诺尔，纳林河注入之；西名噶顺诺尔，穆林河注入之。本为一湖，面积较今大。后因淤积而变迁，形成两湖。流沙指居延海附近之阿拉善沙漠而言。

……流沙为古代传说中之地理现象。……《楚辞·招魂》："西方之害，流沙千里。"……《后汉书·西域传》："大秦国西有弱水、流沙，近西王母所居处，几于日所入也。"……流沙是我国古代对西北沙漠地区内陆河流一种传闻性的了解，带有浓厚的传奇色彩以夸张。[②]

樊东： 流沙，指甘肃居延泽一带的沙漠。[③]

郭仁成： 其弱水余波兼潴于居延泽，在合黎东北千余里者，与西被之流沙各为一地。[④]

黄怀信： 流沙，盖即合黎山以北之沙漠。[⑤]

编者按

　　流沙，在我国古代有着浓厚的神话色彩，如《淮南子·堕形训》中记西王母在流沙之滨，《后汉书·西域传》中亦云流沙为西王母所居之处，且为日入之地；关于流沙释义及其地理位置，历来众说纷纭，大致来说，有以下

---

① 江灏、钱宗武：《今古文尚书全译》，贵阳：贵州人民出版社，1990年，第85-86页。
② 李长傅：《禹贡释地》，商丘：中州书画社，1982年，第106页。
③ 樊东：《尚书译注》，北京：北京联合出版公司，2018年，第37页。
④ 郭仁成：《尚书今古文全璧》，长沙：岳麓书社，2006年，第63页。
⑤ 黄怀信：《尚书注训》，济南：齐鲁书社，2002年，第78页。

几说：

一、流沙为居延泽。《汉志》认为张掖郡居延县东北有居延泽，即《禹贡》之流沙；《水经注》同于《汉志》，亦以流沙为居延泽，且形如弯月，因沙与水流行，故称"流沙"；唐颜师古认为流沙在敦煌西，林之奇赞同此说，并认为流沙为西海，最终入居延泽中；南朝裴骃《史记集解》引郑玄注云流沙（居延泽）在居延西北，王鸣盛认为此说不符合《汉志》、《水经》所载，故"裴误也。"[1] 并云《礼记·王制》中记"西河至于流沙，千里而遥"，故流沙只能在居延，龟兹、鄯善、且末、吐谷等国之流沙，距西河万里，不符合经书所载，故皆不确；且弱水实入居延，嘉峪关外并无西流出塞之水，故《禹贡》流沙当从《汉志》等说。

二、流沙为西北地区的沙漠。皮锡瑞《尚书今古文注疏》引东汉王逸注，云流沙为"沙流如水也。"又注《招魂》，云流沙为"沙流而行也。"认为此为《禹贡》所记之"流沙"；蔡传亦引杜佑《通典》，云流沙为"其沙随风流行。"[2] 胡渭《锥指》引薛氏、金氏等，亦将流沙作西北的沙漠地带，弱水正流自合黎山峡口，向东北流入居延泽，余波渗入西北的沙漠之地。

旧注多以居延泽当流沙，胡渭对这一问题进行了细致探讨，其认为合黎峡口以北的弱水，并无水患，大禹治弱水只到合黎，并未及其北；后人见弱水入居延泽，便以居延泽当流沙，其实不然，《禹贡》弱水"入流沙"，并无"入居延泽"，居延在合黎东北，流沙在合黎西，"经岂有二流沙哉"，故流沙不在居延可知。之后，胡渭引大量典籍，如《楚辞》、《三海经》、《通典》、《魏书》、《周书》、《北史》、《裴矩西域记》等说明流沙当为燉煌以西的沙漠地带，即嘉峪关外西域诸国区域，如龟兹、鄯善、且末、高昌东南至瓜州，吐谷浑西北、白龙堆等地，大致为今新疆、甘肃等地沙漠

---

① （清）王鸣盛：《尚书后案》，北京：北京大学出版社，2012年，第184页。

② （宋）蔡沈：《书集传》，上海：凤凰出版社，2010年，第60页。

地带；上述区域沙漠广布，气候炎热，干旱少雨，植被匮乏，且时不时地有沙尘暴，飞沙走石，人迹罕至，旅途艰难，自古为西方之害，此即为《禹贡》所叙"合黎之地"，"弱水余波，从此西溢，渗入沙中，无迹可寻，而东北入居延之流，滔滔不绝，"弱水有正流、余波之分，故不可以东北之正流居延泽作西北余波渗入之流沙。今人李长傅、樊东、黄怀信等亦持此说。简言之，流沙当为古人对西北广大沙漠地区的一总的概念，凡不熟悉的西北沙漠辽远之地即以流沙目之。

导黑水，至于三危，入于南海。

三危

汉·马融： 三危，西裔也。[①]

汉·郑玄： （引《地记书》）：三危之山在鸟鼠之西，南当岷山，则在积石之西南。[②]

郑玄引《地记》言三危山在鸟鼠西、积石山西南；然孔疏认为《地记》乃妄书，其言未必可信，"要知三危之山必在河之南也。"[③]

北朝·郦道元： 三危山在敦煌县南。[④]（《水经注》）

唐·李泰： （三危）在沙州燉煌县东南四十里。山有三峰故名，亦名卑羽山。[⑤]（《括地志》）

三危山在敦煌县南三十里，山有三峰，又名卑羽山。

---

① 顾颉刚、刘起釪：《尚书校释译论》，北京：中华书局，2005年，第179页。
② （唐）孔颖达：《尚书正义》，北京：北京大学出版社，1999年，第156页。
③ （唐）孔颖达：《尚书正义》，北京：北京大学出版社，1999年，第156页。
④ （清）胡渭：《禹贡锥指》，上海：上海古籍出版社，2013年，第323页。
⑤ （清）胡渭：《禹贡锥指》，上海：上海古籍出版社，2013年，第323页。

唐·李吉甫： 三危山在县（敦煌县）南三十里，有三峰故曰三危，《尚书》"窜三苗于三危"，即此山也。[1]（《元和郡县志》）

同于《括地志》记。

唐·孔疏：《左传》称舜去四凶，投之四裔，《舜典》云"窜三苗于三危"，是"三危"为西裔之山也。其山必是西裔，未知山之所在。[2]

"三危"为西裔之山，未知山之所在。

唐·陆德明： 三危，今属天水郡。（《庄子音义》）[3]

唐·司马贞： 郑玄引《河图》及《地说》云："三危山在鸟鼠西，南与岐山相接。"[4]

三危山在鸟鼠山之西。

唐·颜师古： 张楫曰，三危山在鸟鼠山之西，与岷山相近，黑水出其南陂。《书》曰"导黑水至于三危"是也。[5]

同于《索隐》之说。

宋·蔡沈： 三危，即舜窜三苗之地。或以为敦煌。未详其地。[6]

三危未详其地。

宋·金履祥： 沙州敦煌县东南四十里有卑羽山，一名化雨山，有三峰甚高，

---

① 顾颉刚、刘起釪：《尚书校释译论》，北京：中华书局，2005 年，第 179 页。

② （唐）孔颖达：《尚书正义》，北京：北京大学出版社，1999 年，第 156 页。

③ 顾颉刚、刘起釪：《尚书校释译论》，北京：中华书局，2005 年，第 181 页。

④ 顾颉刚、刘起釪：《尚书校释译论》，北京：中华书局，2005 年，第 180 页。

⑤ 顾颉刚、刘起釪：《尚书校释译论》，北京：中华书局，2005 年，第 180 页。

⑥ （宋）蔡沈：《书集传》，南京：凤凰出版社，2010 年，第 57 页。

人以为三危。①（《尚书注》）

三危在敦煌县东南四十里，名阜羽山，一名化雨山，有三峰甚高；同时又认为"戎人凡山有三峰者，便指以为三危。"②西北戎羌之地不少山峰皆可称作三危。

清·《敦煌县志》：三危山，《隋志》在敦煌县，《括地志》在沙州东南三十里，山有三峰，故名。《名都司志》三危为沙州望山，俗名昇雨山，在今城东南三十里，三峰耸峙，如危欲堕，故名。③

三危在沙州（今甘肃敦煌市）东南三十里，山有三峰耸峙，又名昇雨山。

曾运乾：《西藏总传》云："卫在打箭炉西南，俗称前藏。在卫西南，俗称后藏。喀木在卫东南。三处统名三危，即《禹贡》导黑水至于三危也。"按三危必以三处当之，似嫌过泥。但《尧典》云"窜三苗于三危"，《禹贡》云"三危既宅，三苗丕叙"。三苗为一大部落，则流宅之处，其地当非小也。④

《西藏总传》中记三危为三处：前藏、后藏和喀木。三危为面积较大的一片区域。

李民、王健：三危，《左传·昭公九年》杜预注："三危山在瓜州，今敦煌。"《史记·索隐》引《地图》说："三危山在鸟鼠西南，与岐山相连。"此三危山不在瓜州，而在鸟鼠山、岐山一带。顾颉刚师以为《禹贡》三危，即西汉冯奉世伐羌所登的西极山，在古代天水郡一带。⑤

《禹贡》三危为古代天水郡一带的西极山。

---

① 顾颉刚、刘起釪：《尚书校释译论》，北京：中华书局，2005 年，第 180 页。

② 顾颉刚、刘起釪：《尚书校释译论》，北京：中华书局，2005 年，第 180 页。

③ 顾颉刚、刘起釪：《尚书校释译论》，北京：中华书局，2005 年，第 180 页。

④ 曾运乾：《尚书正读》，上海：华东师范大学出版社，2011 年，第 82 页。

⑤ 李民、王健：《尚书译注》，上海：上海古籍出版社，2012 年，第 77-78 页。

黄怀信： 三危：山名，在今甘肃敦煌南。①

江灏、钱宗武： （三危）山名。郑玄说："三危山在鸟鼠西，南当岷山。"②

编者按

三危，原是神话中的山名，如《山海经·西山经》中记："又西二百二十里日三危之山，三青鸟居之。"③三青鸟传说为西王母取食之神鸟；后世附会三危者不少，概括而言，大致有以下几种说法。

一、三危在鸟鼠西。如纬书《河图括地象》："三危在鸟鼠西，南与汶山相接，黑水出其间。"④郑玄引《地记》亦云三危山在鸟鼠西、岷山北、积石山西南；此外，南朝刘昭，唐司马贞、颜师古，元人张楫，今人江灏、钱宗武等亦皆此说，鸟鼠西即指今甘肃省东部的西南境一带。

二、三危在敦煌境内。如《水经注》、《括地志》、《元和郡县志》、《尚书注》、《敦煌县志》等，一般认为三危在敦煌县南或东南，有的还云此山有三峰，或名卑羽山、化雨山或昇雨山，三峰耸峙，如危欲堕，故名三危。今人黄怀信、屈万里、樊东、王世舜、王翠叶等持此说。

三、三危在天水郡。陆德明《庄子音义》中云三危在今天水郡，清人毕沅注《山海经》云："三危，山当在今秦州西，俗失其名。"⑤秦州为今甘肃东南境。今人李民、王健等持此说。

四、三危在西藏。首持此说者为康熙，如清人朱绣《海藏纪行》中引康

① 黄怀信：《尚书注训》，济南：齐鲁书社，2002年，第78页。
② 江灏、钱宗武：《今古文尚书全译》，贵阳：贵州人民出版社，1990年，第82页。
③ 顾颉刚、刘起釪：《尚书校释译论》，北京：中华书局，2005年，第179页。
④ 顾颉刚、刘起釪：《尚书校释译论》，北京：中华书局，2005年，第180页。
⑤ 顾颉刚、刘起釪：《尚书校释译论》，北京：中华书局，2005年，第181页。

熙之言云："三危者，犹中国之三省也。"① 并以康熙时藏卫之地当之，云："雅鲁藏布江为贯穿其境之唯一大水，故非此莫属。"② 清人盛绳祖《卫藏识略》、黄沛翘《西藏图考》中亦载此说；清人刘逢禄《尚书今古文集解》、今人曾运乾《尚书正读》等引《西藏总传》，将前藏、后藏、喀木三处，统名三危，认为即《禹贡》"导黑水至于三危"者，即三危非山而是单个较大的区域，与上述之说皆异。

三危其实当是西方较远的边裔之地，《天问》："黑水玄趾，三危安在？"③ 可知三危原是不知所在的虚无缥缈之山；马融以三危为西裔，孔疏亦认为此山必是西裔，然未知山之所在；此外，宋人蔡沈、金履祥，近人顾颉刚、刘起釪等皆持此说，顾颉刚《尚书校释译论》中云："姚氏伪孔传承之，称为'西裔之山'。《孔疏》指明：'其山必是西裔，未知山之所在。'这都符合原意，为不知确址的西方极远边裔之地。"④ 此说为是。

导河、积石，至于龙门；南至于华阴，东至于厎柱，又东至于孟津，东过洛汭，至于大伾；北过降水，至于大陆；又北，播为九河，同为逆河，入于海。

积石

东晋·伪孔传：积石山在金城西南，河所经也。⑤

唐·孔颖达：《地理志》云，积石山在金城河关县西南羌中，河行塞外，东北入塞内。积石非河之源，故云"河所经也"。⑥

---

① 顾颉刚、刘起釪：《尚书校释译论》，北京：中华书局，2005年，第183页。
② 顾颉刚、刘起釪：《尚书校释译论》，北京：中华书局，2005年，第183页。
③ 顾颉刚、刘起釪：《尚书校释译论》，北京：中华书局，2005年，第179页。
④ 顾颉刚、刘起釪：《尚书校释译论》，北京：中华书局，2005年，第179页。
⑤ （唐）孔颖达：《尚书正义》，北京：北京大学出版社，1999年，第156页。
⑥ （唐）孔颖达：《尚书正义》，北京：北京大学出版社，1999年，第156页。

积石山在金城河关县西南，即今青海省贵德县西南一带。

宋·蔡沈： 积石，《地志》在金城郡河关县西南羌中，今鄯州龙支县界也。[①]

龙支县，即今青海民和回族土族自治县南。

李长傅： 积石，《汉书·地理志》："金城郡河关（今西宁西南）；积石山在西南羌中，河水行塞外，东北入塞内。"《后汉书·段颎传》："颎自张掖追西羌，且斗且行，四十余日，遂至河首积石山，出塞二千余里。"《后汉书》李贤注："积石山在鄯州龙支县（今乐都县南），即《禹贡》导河积石是也。"《通典》："积石在西平郡龙支县南。"

积石有二：《汉书》所记为大积石；《后汉书·注》、《通典》所记是小积石。

《括地志》："大积石在吐谷浑界；小积石在河州枹罕县（临夏）西七里。"《元和郡县志》："积石山在龙支县西南九十八里，与河州枹罕县分界。河出积石山西南羌中，今人称彼为大积石，此为小积石。"以今地言之，大积石即玛沁雪山（阿木尼马禅山），译言黄河之祖，在河上游河曲（河首），东、西、南三面环绕黄河，高七千六百二二十二公尺。小积石在临夏西北黄河北岸，即河、湟之分水岭。

胡渭、王鸣盛以积石本在塞外，唐置积石军（今积石关），积石之名始移于塞内。《禹贡》之积石为大积石。

小积石即《水经注》之唐述山。蒋天锡、毕源、万斯同等人以《禹贡》积石即小积石，无所谓大积石。今图志之积石山，指大积石山。[②]

李民、王健： 积石，山名，在今青海和甘肃交界的青海贵德县，黄河流经积

① （宋）蔡沈：《书集传》，南京：凤凰出版社，2010年，第57页。
② 李长傅：《禹贡释地》，商丘：中州书画社，1982年，第111-112页。

石山的东面。[1]

屈万里：积石，即大积石山，今名大雪山，在青海南境。[2]

编者按

积石，山名，《汉志》金城郡河关（今青海同仁县境内）下有："积石山在西南羌中。"[3] 此山即今青海省同仁、同德两县西南的阿尼玛卿山。东晋时期，吐谷浑占领积石山，隋唐以后改以鄯州龙支县（今青海民和县境）南之唐述山为积石山，又称小积石山，而以原山为大积石山。小积石山时代出现得较晚，自非《禹贡》原来之积石山，故此处积石当以阿尼玛卿山为《禹贡》之积石。

大伾

东晋·伪孔传：山再成曰伾。至于大伾而北行。[4]

山再成曰"伾"，大坯或为地名。

北魏·郦道元：河水又东，迳成皋大伾山下，《尔雅》曰：山一成谓之伾。许慎、吕忱等并以为丘一成也。孔安国以为再成曰伾，亦或以为地名。非也。《尚书·禹贡》曰：过洛汭至大伾者也。郑康成曰：地喉也。泲出伾际矣。在河内修武、武德之界。济沇之水与荥播泽出入自此，然则大伾即是山矣。[5]（《水经·河水注》）

大伾山在成皋（今河南荥阳县汜水镇），云《尔雅》、《说文解字》、

---

① 李民、王健：《尚书译注》，上海：上海古籍出版社，2012 年，第 78 页。
② 屈万里：《尚书今注今译》，上海：上海辞书出版社，2021 年，第 54 页。
③ 顾颉刚、刘起釪：《尚书校释译论》，北京：中华书局，2005 年，第 756 页。
④ （唐）孔颖达：《尚书正义》，北京：北京大学出版社，1999 年，第 161 页。
⑤ 陈桥驿：《水经注校证》，北京：中华书局，2007 年，第 130 页。

吕忱等皆以"伾"为山一成或丘一成。反对伪孔说。

大伾地在成皋县北。[①]（《水经·山水泽地篇》）

　　不称山而称地，在成皋县北。

　　唐·孔疏：《释山》云："再成英，一成伾。"李巡曰："山再重曰英，一重曰伾。"传云"再成曰伾"，与《尔雅》不同，盖所见异也。郑玄云："大伾在修武武德之界。"张揖云："成皋县山也。"《汉书音义》有臣瓒者，以为："修武武德无此山也。成皋县山，又不一成。今黎阳县山临河，岂不是大伾乎？"瓒言当然。[②]

　　《尔雅》、李巡皆释"伾"为山一成，伪孔释伾再成。郑玄认为大伾山在河内修武、武德界（修武为今新乡获嘉县境，武德为今邯郸武涉县东）；三国的张揖认为在成皋县（今河南郑州荥阳县汜水镇）；西晋臣瓒则认为在黎阳县（今河南浚县境内）。孔疏则认同第三种说法。

　　宋·苏轼：大伾山在黎阳，或曰成皋。[③]（书传）

　　宋·蔡沈：大伾，孔氏曰："山再成曰伾。"张揖以为在成皋。郑玄以为在修武武德。臣瓒以为修武武德无此山，成皋山又不再成，今通利军黎阳县临河有山，盖大伾也。按：黎阳山在大河垂欲趋北之地，故禹记之。若成皋之山，既非从东折北之地，又无险碍如龙门、砥柱之须疏凿。西去洛汭既已大近，东距漳水、大陆又为绝远，当以黎阳者为是。[④]

　　大伾山在黎阳县（今河南浚县）境内。

---

① （清）王先谦：《尚书孔传参正》，北京：中华书局，2011年，第315页。

② （唐）孔颖达：《尚书正义》，北京：北京大学出版社，1999年，第161页。

③ （清）纪昀、陆锡熊、孙士毅等：景印文渊阁四库全书，台北：台湾商务印书馆，1986年，54-529。

④ （宋）蔡沈：《书集传》，南京：凤凰出版社，2010年，第61页。

宋·林之奇：《尔雅》曰："再成曰英，一成曰伓。"李巡曰："山再重曰英，一重曰伓。"而汉孔氏则以为山再重曰伓，其说与《尔雅》异。唐孔氏谓："所见异也。"今当以汉孔氏之说为正，凡再重者皆可谓之伓，此说与《尔雅》异。……今当以汉孔氏之说为正，凡再重者皆可谓之坏。此言大伓，必是有所指而言之，亦犹广平曰陆，冀州言"大陆既作"。高平曰原，下湿曰隰，冀州言"既修太原"，雍州言"原隰底绩"，此皆指定其地，非泛指原隰与陆。大伓，郑氏以为在修武、武德之界。张楫云："成皋县山。"唐孔氏据《汉书音义》有臣瓒者以"修武、武德今无此山，成皋县山又不一成，今黎阳县山临河，岂不是大伓乎？"瓒言当然。晁补之、郑渔仲又皆以大伓为在汜，即成皋也，未知孰是。[1]（《尚书全解》）

> 赞同伪孔说，主张"伓"为山再重者。且此"伓"必是有所指者，如冀州之太原，雍州之原隰，其所在地众说纷纭，莫衷一是。

清·胡渭：修武、武德，汉属河内郡。修武故城在今卫辉府获嘉县西北。武德故城在今怀庆府武陟县东。成皋，汉属河南郡，其故城在今开封府郑州汜水县西北。黎阳，汉属魏郡，其故城在今大名府濬县东北，大伓山在县东南二里。[2]

> 大伓山在黎阳县（今河南浚县）境内。

清·孙星衍：伓，史公作"邳。"……陫即邳之讹字也。《说文》作"坏"，云："丘再成。"再，当作"一"。《水经》："河水又东，过成皋县北。"注云："河水又东，径成皋大伓山下。《尔雅》曰：'山一成谓之伓。'"许慎、吕沈等并以为丘一成也。孔安国以为再成曰伓，亦或以为地名，非也。又云："成皋县之故城在伓上。"案：成皋故城今在河南汜水县西一里大伓山上，则虎牢连麓大伓也。《汉书集注》臣瓒云："今修武、武德无此山也，成皋县山又不一成也，今黎阳县山临河，岂是与？"案：大坏在河南，薛、瓒求之河北武修、武德之界，故无此山。一成之山最卑，瓒又疑为高山，故以成皋山不一成，指黎阳大

---

① （宋）林之奇：《尚书全解》，北京：人民出版社，2019 年，第 168-169 页。
② （清）胡渭：《禹贡锥指》，上海：上海古籍出版社，2013 年，第 451 页。

山当之，云"岂是"，尚是疑词。隋《地理志》"黎阳有大伾山。"遂承薛氏之误。案：即今河南浚县东南二里黎阳山，山甚高，不止一成，《唐洪经纶》刻石名为大伾，俱不足据。……云"大伾在河内修武、武德之界"者，谓在修武之西、武德之东，以北岸山言之。云在成皋，南岸也。修武，河南县，今属怀庆府。武德县故城在今河南武涉县东。①

　　反对伪孔"伾"再成及地名说。认为大伾在河南，然河南浚县东南的黎阳山，山甚高，不止一成，此处作为大伾，"俱不足据"。成皋县（今河南荥阳县汜水镇）山又不一成，大伾所处没有指出具体境域。

曾运乾：大伾，张揖云："成皋县山也。"按今河南汜水县西北。②

樊东：大伾：山名，在今河南浚县。③

王世舜、王翠叶：大伾：山名。在河南荥阳汜水镇西北，三国时魏人张揖以为即成皋县山。④

屈万里：大伾，山名，在今河南浚县。⑤

黄怀信：大伾：山名，亦作"大丕山"，在今河南浚县境。⑥

编者按

　　大伾，《史记》作"大邳"，《尔雅》则作"坏"，注作"岯"。然《说

---

① （清）孙星衍：《尚书今古文注疏》，北京：中华书局，2017年，第189-190页。

② 曾运乾：《尚书正读》，上海：华东师范大学出版社，2011年，第83-84页。

③ 樊东：《尚书译注》，北京：北京联合出版公司，2018年，第37页。

④ 王世舜、王翠叶：《尚书》，北京：中华书局，2021年，第81-82页。

⑤ 屈万里：《尚书今注今译》，上海：上海辞书出版社，2021年，第57页。

⑥ 黄怀信：《尚书注训》，济南：齐鲁书社，2002年，第78页。

文解字》中无"岯"字，"伾"则引《诗经》"以车伾伾"，释为"有力也。"①
《释文》云："伾，本或作岯，音丕……字或作駓。"②段玉裁《尚书撰异》：
"邳，疑即駓之异体也。"③孙星衍《尚书今古文注疏》谓"邳即坯之讹字"，
要言之，邳、坯、岯等为同音一字。

关于"伾"字释义，大致有两种：

《水经注》引《尔雅》云山一成谓之伾。并云许慎、吕忱等"并以为丘
一成也。"孔疏引《尔雅·释山》云："再成英，一成岯。"④引东汉李巡云：
"山再重曰英，一重曰岯。"⑤与此说不同者有伪孔，其云"山再成曰伾"⑥
，孔疏认为此说与《尔雅》不同，"盖所见异也。"林之奇则认为"当以汉
孔氏之说为正"，其云"凡再重者皆可谓之伾。此言大伾，必是有所指而言
之"⑦，如冀州之太原，雍州之原隰，皆指定其地。今人顾颉刚、刘起釪认为：
"姑不论其是非，这些总是古人对山的造成的解释。当然不是真正科学研究
所得，故所说各异。这里只表示古人对大伾山有这样一些说法。"⑧并举辛
树帜先生《禹贡新解》中《禹贡用字涵义》篇中提出新说云："这一伾字，
即是《小雅》'如山如阜'的阜，因为伾与阜古音是通的。果尔，这种伾就
是《禹贡》作者用以写地貌的名称。"⑨"可知伾这一地貌同于冈皋之类，
说成山亦不远失。"⑩

---

① 顾颉刚、刘起釪：《尚书校释译论》，北京：中华书局，2005年，第788页。
② （唐）孔颖达：《尚书正义》，北京：北京大学出版社，1999年，第161页
③ 顾颉刚、刘起釪：《尚书校释译论》，北京：中华书局，2005年，第788页。
④ （唐）孔颖达：《尚书正义》，北京：北京大学出版社，1999年，第161页。
⑤ （唐）孔颖达：《尚书正义》，北京：北京大学出版社，1999年，第161页。
⑥ （唐）孔颖达：《尚书正义》，北京：北京大学出版社，1999年，第161页。
⑦ （宋）林之奇：《尚书全解》，北京：人民出版社，2019年，第168页。
⑧ 顾颉刚、刘起釪：《尚书校释译论》，北京：中华书局，2005年，第788页。
⑨ 顾颉刚、刘起釪：《尚书校释译论》，北京：中华书局，2005年，第788、789页。
⑩ 顾颉刚、刘起釪：《尚书校释译论》，北京：中华书局，2005年，第789页。

关于大伾山所在地，大致有三说：

一、在河内修武、武德之界。《水经注》引《禹贡》曰："过洛汭至大伾者也"，引郑玄云："地喉也。沇出伾际矣。在河内修武、武德之界。"① 修武为今新乡获嘉县境，武德在今邯郸武涉县东。

二、在成皋县。《水经·山水泽地篇》："大伾地在成皋县北。"② 言地不言山，成皋县即今河南郑州荥阳县汜水镇。孔疏引三国张揖云（大伾）为"成皋县山也。"③ 苏轼认为大伾山"或曰成皋。"今人曾运乾、王世舜、王翠叶等亦引张揖云大坯为成皋县山。

三、在黎阳县（今河南浚县境内）。孔疏引西晋臣瓒云修武、武德无此山，成皋县山又不一成，"今黎阳县山临河，岂不是大坯乎？"④ 并赞同臣说。蔡沈亦持此说；胡渭云大伾山在（浚县）县东南二里；今人樊东、屈万里、黄怀信等皆持此说。今人顾颉刚、刘起釪认为学者对此问题的争论非常多，彼此不服对方之说，聚讼不已，"然据下文河过大伾即北折入大陆泽，修武、成皋二地皆太西，无法北折至大陆，自以第三说为合。大抵《禹贡》古大河初循成皋大伾地东北流，至浚县大伾山之西折而北流，是合于《禹贡》文意及今在卜辞研究中获知殷墟之东大河是北流这一地理情势的（详起釪撰《卜辞的河与＜禹贡＞大伾》，载《古史续辨》）⑤。

当然，还有一些学者认为大伾地点不详。如林之奇《全解》云："'今黎阳县山临河，岂不是大伾乎？'瓒言当然。"晁补之、郑渔仲又皆以大伾在成皋，"也未知孰是。"⑥ 孙星衍引臣瓒云修武、武德无此山，成皋县山

① 陈桥驿：《水经注校证》，北京：中华书局，2007年，第130页。
② （清）王先谦：《尚书孔传参正》，北京：中华书局，2011年，第315页。
③ （唐）孔颖达：《尚书正义》，北京：北京大学出版社，1999年，第161页。
④ （唐）孔颖达：《尚书正义》，北京：北京大学出版社，1999年，第161页。
⑤ 顾颉刚、刘起釪：《尚书校释译论》，北京：中华书局，2005年，第789页。
⑥ （宋）林之奇：《尚书全解》，北京：人民出版社，2019年，第169页。

又不一成，河南浚县东南二里有黎阳山，但"山甚高，不止一成，《唐洪经纶》刻石名为大伾，俱不足据。"否定了此三说。

同为逆河，入于海

东晋·伪孔传：同合为一大河，名逆河，而入于渤海。[①]

唐·孔颖达：传言九河将欲至海，更同合为一大河，名为逆河，而入于渤海也。郑玄云："下尾合，名为逆河，言相向迎受。"王肃云："同逆一大河，纳之于海。"其意与孔同。[②]

唐·颜师古：同，合也。九河又合为一，名为逆河，言相迎受也。[③]

宋·苏轼：逆，迎也。既分为九，又合为一，以一迎八而入于海，即渤海也。[④]（《书传》）

逆，迎，又为合一，以一迎八入于渤海。

宋·林之奇：孔氏云："同合为一大河，名逆河而入于海。"郑氏、王子雍皆同此说，惟王介甫以谓："逆河者，逆流之河，非并时分流也，故谓之逆河。"……所谓"同为逆河入于海"，是九河合为一大河以入海也明矣，谓之逆河者，此一大河之名也……王氏以逆河为逆流之河，其说凿矣。[⑤]（《尚书全解》）

逆河：九河合为一大河，以入海，逆河是此一大河名。王安石以"逆河"为逆流之河，其说穿凿附会。

宋·蔡沈：逆河，意以海水逆潮而得名。九河既沦于海，则逆河在其下流，

---

① （唐）孔颖达：《尚书正义》，北京：北京大学出版社，1999年，第162页

② （唐）孔颖达：《尚书正义》，北京：北京大学出版社，1999年，第162页

③ 顾颉刚、刘起釪：《尚书校释译论》，北京：中华书局，2005年，第795页。

④ （清）纪昀、陆锡熊、孙士毅等：景印文渊阁四库全书，台北：台湾商务印书馆，1986年，54-529。

⑤ （宋）林之奇：《尚书全解》，北京：人民出版社，2019年，第170页。

固不复有矣。河上播而为九，下同而为一，其分播合同，皆水势之自然。禹特顺而导之耳。……又记其入海之处，则曰"逆河"。[①]

> 逆河：海水逆潮而得名。逆河为在九河下流合一者，为水势自然者，亦为入海处之名。

宋·程大昌： 水非一河能容，故播为九，安有一水能承受九河而名为逆河也。逆河，世之谓渤海者也。[②]（《禹贡论》）

> 逆河为渤海。

元·王充耘： 以海潮逆入而得名。[③]（《读书管见》）

清·胡渭：《传》曰："同合为一大河，名逆河，而入于渤海。"《正义》曰：郑玄云：下尾合名为逆河，言相向迎受。王肃云：同逆一大河，纳之于海。其意与孔同。苏氏曰：逆河者，既分为九，又合为一，以一迎八，而入于海，即渤海也。薛氏曰：河入海处，旧在平州石城县，东望碣石，其后大风逆河，皆渐于海，旧道堙矣。程氏曰：逆河，世之谓渤海者也。逆河之地，比九河又特洼下，故九水倾注焉。虽其两旁当有涯岸，其实已与海水相合，不止望洋向若而已。黄氏曰：逆河、碣石，今皆沦于海。渭按：《经》所谓海乃东海，在碣石之东，而说者以为渤海，由不知渤海故逆河，后为海所渐耳。此先儒之通患，唯子瞻、士龙、泰之、文叔能辨之。

碣石之东为沧溟，《经》之所谓海也。其西则逆河，后世谓之勃海。《河渠书》曰：同为逆河，入于渤海。（《沟洫志》同。）盖汉人以渤海为海，而不知其为逆河，遂谓逆河在南皮、浮阳……千年积谬，至苏、薛、程、黄四公而一正，蔡氏不收，何以为《集传》……

---

① （宋）蔡沈：《书集传》，上海：凤凰出版社，2010年，第61页。

② 顾颉刚、刘起釪：《尚书校释译论》，北京：中华书局，2005年，第795页。

③ 顾颉刚、刘起釪：《尚书校释译论》，北京：中华书局，2005年，第796页。

河之播而为九也，势至此不得不分，非禹有意分之也。其同为逆河也，势至此不得不合，非禹有意合之也。所以名"逆"者，郑义尽之。自汉人以勃海为海，而逆河无所容其地，唐人亦不明逆河在何处。徐坚《初学记》曰：逆，迎也，言海口有朝夕潮以迎河水。此义最优。至宋而谬论迭出，贻惑滋甚矣。林氏曰：王介甫谓"逆河"者，逆设之河，非并时分流也。其意以"同为逆河"句，释上文"播为九河"之义，如此则逆河即是九河矣。罗泌曰：圣人于冀、兖间，逆设为河，以防暴至之患。未至则不妨民耕，既至则不堕民舍。程秘曰：禹因地之形而逆设为九河，凡河之道，则不建都邑，不为聚落，不耕不牧，故谓之逆河。董鼎曰：《格言》云：逆河是开渠通海，以泄河之溢，秋冬则涸，春夏则泄。此皆踵介甫之谬，以九河为逆河，而缘饰其辞也。陈师道曰：逆河者，为潮水所逆行千余里。边海又有潮河，自西山来，经塘泊。……以上诸说，总由不知勃海即逆河，而求逆河于勃海之外，遂愈求愈远耳。[①]

　　胡氏引苏、薛、程、黄之说，认为逆河已沦于海，其与海水相合，逆河即渤海。其曲解苏氏之说，将逆河作渤海，又反驳了宋以来的一些逆河之说，认为诸说总由不知勃海即逆河，而求逆河于勃海之外，遂愈求愈远。

清·王夫之：水之入海……近海必平。且潮落则顺下，潮生则逆上。……受潮之逆上，故曰逆河。……九河之尾皆逆，非合而为一可知已。[②]（《尚书稗书》）

曾运乾：异流同归曰同为，郑云："同，合也。"下尾合，名曰逆河，言相向逆受也。入于海者，入于渤海也。[③]

王世舜，王翠叶：逆，迎而承受。……这九条支流共同承受着黄河的大水，把它顺利地导入大海。[④]

①　（清）胡渭：《禹贡锥指》，上海：上海古籍出版社，2013年，第480、486页。

②　顾颉刚、刘起釪：《尚书校释译论》，北京：中华书局，2005年，第796页。

③　曾运乾：《尚书正读》，上海：华东师范大学出版社，2011年，第84页。

④　王世舜、王翠叶：《尚书》，北京：中华书局，2021年，第82页。

迎而承受义。

屈万里：同，会和。郑玄云（见《史记集解》）："下尾合，名曰逆河，言相迎受也。"言此九河复合为一，以入于海。[①]

逆河：下尾合，相迎受，入于海。

黄怀信：接近入海口之黄河，因时有海水倒灌，故名逆河。[②]

∷ 编者按

逆河，旧注疏家一般有两种误解：

一、九河汇合成为一条逆河。《诗经·般》疏引郑玄注："同，合也。"[③]孔疏引郑玄云："下尾合，名为逆河，言相向迎受。"[④]伪孔："同合为一大河，名逆河，而入于渤海。"[⑤]颜师古综合前说："同，合也。九河又合为一，名为逆河，言相迎受也。"[⑥]既言"逆河"为九河合为一者，又言相迎受义。苏轼释"逆"为"迎"，云九河合一，以一迎八入于渤海；林之奇亦释"逆河"为九河合一者，且云逆河为此一大河名；其引王安石以逆河为"逆流之河"，本新意之解，却被其斥为穿凿附会之说。蔡沈释"逆河"以海水逆潮而得名，亦九河下流合一者，因其在入海处，故称为"逆河"。今人曾运乾引郑玄注，云"逆河"既为下尾合者，又言相向逆受。屈万里等亦皆持此说。

二、逆河为渤海。宋人程大昌谓"水非一河能容，故播为九，安有一水

① 屈万里：《尚书今注今译》，上海：上海辞书出版社，2021年，第57页。
② 黄怀信：《尚书注训》，济南：齐鲁书社，2002年，第78页。
③ 顾颉刚、刘起釪：《尚书校释译论》，北京：中华书局，2005年，第795页。
④ （唐）孔颖达：《尚书正义》，北京：北京大学出版社，1999年，第162页。
⑤ （唐）孔颖达：《尚书正义》，北京：北京大学出版社，1999年，第162页。
⑥ 顾颉刚、刘起釪：《尚书校释译论》，北京：中华书局，2005年，第795页。

能承受九河而名为逆河也。逆河，世之谓渤海者也。"①胡渭赞同其说，且引苏轼、薛季宣、黄伦等说认为九河已沦于海，与海水相合，渤海即故逆河，且反驳了宋以来的一些逆河之说，认为诸说"总由不知勃海即逆河，而求逆河于勃海之外，遂愈求愈远耳。"

逆河，当是指海水涨潮时倒灌入河，使临海口的河段受海水而皆为盐水。郑玄注"逆河"，已"言相向迎受"，孔疏、颜师古继承其说；徐坚《初学记》虽同意九河合一说，然末句云："逆，迎也，言海口有朝夕潮以迎河水。"②苏轼释"逆，迎也"，虽亦言"逆"为合一者，然又云"以一迎八而入于海"；王安石言"逆河"为逆流之河，其意甚新; 蔡沈释逆河，"意以海水逆潮而得名。"③孙星衍释"逆"作"迎"，并引《初学记》，亦有河水迎接海潮，倒灌入海义。《锥指》引陈师道云："逆河者，为潮水所逆行千余里。"④王充耘《读书管见》释逆河"以海潮逆入而得名。"⑤明夏允彝《禹贡古今合注》云："今九河之下，即为逆河，殆谓至此而下即海潮逆入矣。"⑥王夫之《稗书》认为"水之入海……近海必平"，"潮落则顺下，潮生则逆上"，"受潮之逆上，故曰逆河。……九河之尾皆逆，非合而为一可知已。"⑦反驳了前儒九河合一大河为"逆河"之说。此外，"同为逆河"，是说都是逆河。程大昌《禹贡论》："同者，九河一故。"⑧即九条河下游都一样成为逆河；王氏《稗书》云："同，皆也。"⑨亦都一样。今人顾颉刚、刘起釪《尚书校释译论》引河北平原黑龙港地区的考查报导说："查清了河北平原地下水按照水质可分为两大区。除

① 顾颉刚、刘起釪：《尚书校释译论》，北京：中华书局，2005 年，第 795 页。
② （清）胡渭：《禹贡锥指》，上海：上海古籍出版社，2013 年，第 480、486 页。
③ （宋）蔡沈：《书集传》，南京：凤凰出版社，2010 年，第 61 页。
④ （清）胡渭：《禹贡锥指》，上海：上海古籍出版社，2013 年，第 486 页。
⑤ 顾颉刚、刘起釪：《尚书校释译论》，北京：中华书局，2005 年，第 796 页。
⑥ 顾颉刚、刘起釪：《尚书校释译论》，北京：中华书局，2005 年，第 796 页。
⑦ 顾颉刚、刘起釪：《尚书校释译论》，北京：中华书局，2005 年，第 796 页。
⑧ 顾颉刚、刘起釪：《尚书校释译论》，北京：中华书局，2005 年，第 796 页。
⑨ 顾颉刚、刘起釪：《尚书校释译论》，北京：中华书局，2005 年，第 796 页。

黑龙港和安平县一部分外，其余全部是淡水区。"①"这就是说黑龙港濒海地是咸水区，与海水同质。此即《禹贡》所说逆河之作用。九条河的入海处都叫逆河……因而逆河之水是咸水。现在科学考查获知黑龙港东北地区是咸水证实了这点。而黑龙港其余地段的淡水，说明是保持古河道淡水的地带。《黑龙港地区古河道带说明书》还指出各河道上游淡水优于下游，即逐渐到下游才有咸水。当即由于近海受海水逆入之故。所以由这一科学考查，才证实了逆河是由海水逆入的真实意义。"②此外还云："入于海"，即九河的逆河，"在南起今河北孟村、盐山以东海岸，即宣惠河入海口之地，北至天津市以北，亦即河北省整个渤海西岸数百里地段内，分别入于渤海。文献中古黄河的干流北支在天津以北入海，它当是九河中最北的一河。"③

嶓冢导漾，东流为汉，又东，为沧浪之水，过三澨，至于大别，南入于江。东，汇泽为彭蠡，东，为北江，入于海。

三澨

东晋·伪孔传： 三澨，水名，入汉。④

宋·林之奇： 三澨，水名也，《水经》则以为在江陵卬县之北，颜师古则以为江夏竟陵县，未知孰是。⑤

三澨为水名或地名，莫衷一是。

清·皮锡瑞：《说文·水部》云："澨，增埤水边土，人所止者。《夏书》曰'过三澨。'"陈乔枞说："案：《水经》：'三澨，地在南郡邔县之北。'

---

① 顾颉刚、刘起釪：《尚书校释译论》，北京：中华书局，2005年，第796页。

② 顾颉刚、刘起釪：《尚书校释译论》，北京：中华书局，2005年，第796页。

③ 顾颉刚、刘起釪：《尚书校释译论》，北京：中华书局，2005年，第796、797页。

④ （唐）孔颖达：《尚书正义》，北京：北京大学出版社，1999年，第162页。

⑤ （宋）林之奇：《尚书全解》，北京：人民出版社，2019年，第173页。

郦注引郑云'水名'，马、王并同。"①

"潊"有三种说法：《说文解字》以"潊"为水边增土建造的堤防；《水经》、陈乔枞以"潊"作地名；郑玄、马融、王肃等以"潊"为水名。

清·王先谦：（《水经注》云）"马、郑、王、孔咸以为三潊，水名。《左传》有'句潊'、'漳潊'、'蓬潊'，服虔：'或谓之邑，又谓之地。'京相璠、杜预云：'水际及边地名也。'今南阳、淯阳二县间有南潊、北潊。诸儒之论水陆相半，惟郑玄及刘澄之言在竟陵县界。"案：《山水泽地篇》以三潊为地，马、郑以为水，是古文原有二说。又《淯水注》："淯水径南阳郡淯阳县，（今南阳县南。）水南有南就聚。"案：淯水左右，旧有二潊，所谓南潊、北潊者，水侧之喷聚，在淯阳之东北，考古推地则近矣。②

马、郑、王、孔以三潊为水名，《左传》"句潊"、"漳潊"、"蓬潊"，服虔释"潊"为城邑或地名，京相璠、杜预等则释作水边、水边地名；如南阳、淯阳二县间有南潊、北潊，儒者一般释作水陆相半之地，郑玄及刘澄等则认为在竟陵县界。

清·胡渭：孔传以三潊为水名，不如《说文》之精确。按《诗·汝坟》，《传》曰：汝，水名；坟，大防也。笺以为汝水之侧。淮喷，《传》曰：喷，涯也。笺以为淮水大防。毛、郑彼此互异。《正义》遂谓喷从水，坟从土，故其义有别。而实不然，《尔雅·释丘》：坟，大防。李巡曰：谓厓岸状如坟墓，名大防也。康成注《大司徒》坟衍云：水厓曰坟。郦道元以潊为水侧之喷。是知"喷"与"坟"字别而义同，其互异者，乃所以互相备耳。参以《说文》，水边即厓，埤增之土即大防，防大故为人所止也。《左传》：成十五年，华元决睢潊。睢即睢水，潊则其防也。故曰决。王逸注西潊云水涯，杜预注漳潊云水边，义皆与《说文》合。然其地必有名川来入汉，患其冲激，故大为之防。以为水名犹可，《蔡传》直谓

---

① （清）皮锡瑞：《今文尚书考证》，北京：中华书局，2009 年，第 178 页。

② （清）王先谦：《尚书孔传参正》，北京：中华书局，2011 年，第 321-322 页。

之滢水，则大谬不然矣。

……马融、郑玄、王肃、孔安国等咸以为三滢水名也。许慎言：滢者，埤增水边土，人所止也。按《春秋传》文公十六年，楚军次于句滢，以伐诸庸。宣公四年，楚令尹子越师于漳滢。定公四年，左司马戌败吴师于雍滢。昭公二十三年，司马遻越缢于蓬滢。服虔或谓之邑，或谓之地。京相璠曰：杜预亦云水际及边地也。今南阳、淯阳二县之间，淯水之滨，有南滢、北滢矣。而诸家之论，水陆相半，又无山源出处之所津途关路。唯郑及刘澄之言在竟陵县界。经云邔县北池。然池流多矣，论者疑焉，而不能辨其所在，渭按：《左传》滢有五。睢滢，宋地。故郦注不引。今就其所引者论之，不知何者可当《禹贡》三滢之目。《蔡传》以漳滢、蓬滢与汉水为三滢，而句滢、雍滢其地皆有可攷却不数。韩汝节宗之，以汉滢、漳滢、蓬滢为三滢。汉滢古无此名，蓬滢不知所在，纷纷推测，终无定论。所可知者，三滢为汉水之三大防，其地当有名川来入汉，上不越沧浪，下不逾大别而已。（愚意三滢当在淯水入汉处，一在襄城北，即大隄，一在樊城南，一在三洲口东，皆襄阳县地，在邔县之北也。言在竟陵者非是。）[1]

胡氏引《诗经》、《左传》、毛传、《尔雅》及郑玄、许慎、王逸、郦道元、李巡、杜预、京相璠等注，将"滢"作水边堤防讲；关于《禹贡》三滢，说者不一，《蔡传》以漳滢、蓬滢、汉水为三滢，韩汝节承此说，以汉滢、漳滢、蓬滢为三滢，然汉滢古无此名，蓬滢又不知所在，故纷纷推测，终无定论，胡氏认为三滢当为汉水边的三大堤防，在淯水入汉处：一是襄城北的大隄，一在樊城南，一在三洲口东，皆在襄阳县境内，且在邔县之北，此当为《禹贡》之三滢，并否定了竟陵说。

清·王鸣盛：郑云"三滢，水名"者，郦注、马、王并同。郑于"弱水"发例，言过言会，皆水名故也。《说文》卷十一上水部："滢，埤增水边土，人所止者。"即引此经为证。但"埤增水边土"亦即可为水名。《说文》与郑未必异。

---

① （清）胡渭：《禹贡锥指》，上海：上海古籍出版社，2013 年，第 545-547 页。

郦引《地说》曰：“汉水东行，过三澨，合流，触大别之陂，南与江合。”曰过，又曰合流，明三澨为水名也。郑又云“在江夏竟陵县界”者，考《水经》第四十卷末言“《禹贡》山水泽地所在”，曰三澨地在南郡邔县之北。郦注云：“《春秋传》文公十六年，楚师次于句澨。宣公四年，楚令尹子越师于漳澨。定公四年，左司马戌败吴师于雍澨。昭公二十三年，司马薳越缢于蓬澨。服虔或谓之邑，或谓之地。京相璠曰：杜预亦云水际及边地也。今南阳、淯阳二县之间，淯水之滨，有南澨、北澨矣。而诸家之论，水陆相半，又无山源出处，津途关路。惟郑玄及刘澄之言在竟陵县界，经云邔县北。论者疑焉，而不能辨其所在。”按《左传》澨有五。睢澨，宋地，故郦不引。就其所引，不知何者可当三澨。邔县故城在今襄阳府宜城县东北，（孟康曰邔音忌。）其北即襄阳县东境，今并无所谓三澨。《淯水注》云：“淯水左右，旧有南澨、北澨。”此京相璠云在南阳淯阳间者……与邔县无涉。若以为入汉之水，则二澨不可为三澨，是诸说皆非也。惟郑及刘氏言在竟陵界，竟陵，今天门县。《史记索隐》曰：“今竟陵有三参水，俗云是三澨水。参音去声。”明《承天府志》以司马河为一澨，马溪河为一澨，石家河为一澨。自京山合流入景陵界……谓之三汊水，即《索隐》所云“三参水”，此即郑注之所谓在竟陵者也。[①]

　　三澨为三条河的名字，即司马河、马溪河、石家河，其又名三参水，在竟陵（今湖北天门县）境内。

李长傅： 三澨，《史记·索隐》：“孔安国、郑玄以为水名，在江夏竟陵（今湖北省天门西北）界。今竟陵有三参水，或云是三澨水。”蔡沈说：“郢州长寿县（今京山县）磨石山发源，东南流者，名澨水。至复州景陵县界来，又名汊水，疑即三澨之一。然据《左传》漳、澨，莲澨，则为水际，未可晓也。”

今澨水出京山县潼泉山，为司马河，南流至天门县名汊水。又东流至汉川入汉江。《说文》：“澨，埤增水边，土人所止者。”《水经禹贡山水泽地篇》：

① （清）王鸣盛：《尚书后案》，北京：北京大学出版社，2012年，第203页。

"三澨在邔县（今宜城县东北）北。"则三澨乃指汉水旁的聚落而言。胡渭说三澨在清水（白河）入汉处，有堤防之意。[①]

江灏、钱宗武： 三澨，水名，又叫三参水，源出湖北京山县，东流到汉川县入汉水。[②]

樊东： 三澨，水名，即句澨、雍澨、蘧澨。[③]

王世舜、王翠叶： 三澨（shì）：《孔传》、郑玄均以为是水名。《史记索隐》："今竟陵有三参水，俗云是三澨水。"按，澨水源出湖北京山之潼关山，又名司马河，西流折南流至天门，名为汊（chà）水，又东流至汉川界入汉水。除《孔传》、郑玄之说外尚有不同解释，如《说文》认为澨是水涯；《集传》以为水名，在襄阳附近的魔石山；金履祥《尚书表注》以为即泌河。[④]

黄怀信： 澨（shì）：止水的堤防。[⑤]

李民、王健： 三澨（音shì誓），注家多说是水名，但具体指哪条河，歧说较多。《史记·索隐》云："今竟陵有三参水，俗云是三澨水。"澨水源出湖北京山县潼关河，又名司马河，流至汉川县入汉水。澨，《说文》："水涯边也。"蔡沈以为其河在襄阳附近的魔石山，金履祥《尚书表注》以为即泌河。也有说是地名，胡渭以为在淯水入汉处，今襄阳方城一带。顾颉刚师亦认为是地名，可备一说。[⑥]

编者按

三澨，马融、郑玄、王肃、伪孔、郦注等作水名，王鸣盛《后案》引《说

① 李长傅：《禹贡释地》，商丘：中州书画社，1982年，第124页。
② 江灏、钱宗武：《今古文尚书全译》，贵阳：贵州人民出版社，1990年，第86页。
③ 樊东：《尚书译注》，北京：北京联合出版公司，2018年，第37页。
④ 王世舜、王翠叶：《尚书》，北京：中华书局，2021年，第82-83页。
⑤ 黄怀信：《尚书注训》，济南：齐鲁书社，2002年，第79页。
⑥ 李民、王健：《尚书译注》，上海：上海古籍出版社，2012年，第84页。

文》"埤增水边土",认为亦可能是为水名,故"《说文》与郑未必异";司马贞《史记索隐》以竟陵三参水作三澨水;蔡传认为有可能是发源于湖北京山县磨石山的澨水,流至复州景陵县界,又名汉水,"此疑即三澨之一";明《承天府志》以司马河为一澨,马溪河为一澨,石家河为一澨,京山合流入景陵界,此谓之三汊水,即《索隐》所云之"三参水",今人江灏、钱宗武等持此说;宋人金履祥则以为即泌河;今人樊东以句澨、雍澨、蓬澨三水为三澨。上述是"三澨"的第一种释义。

第二种解释:澨,水际或水边地名。《左传》中有"句澨"、"漳澨"、"雍澨"、"蓬澨",东汉服虔认为"或谓之邑,又谓之地",京相璠、杜预等释作是水际及边地名;蔡沈据《左传》漳澨、选澨,亦认为"则为水际,未可晓也。"今人李长傅据《水经禹贡山水泽地篇》中的三澨,认为当指汉水旁的聚落。

第三种解释,澨,止水的堤防。《说文·水部》中释"澨"作"增埤水边土,人所止者。"[1]《水经注》云淯水左右,"旧有二澨所谓南澨、北澨者,水侧之喷",胡渭引《诗经》、毛传、郑玄笺、《尔雅》等,说明"喷""坟"字别而义同,为大妨、大堤、堤防义,《左传》中华元决睢澨,胡氏认为睢是睢水,"澨则其防也",此外,王逸注西澨曰水涯,杜预注漳澨曰水边,胡氏认为其义皆同于《说文》,并认为《禹贡》三澨当是汉水边的三大堤防,在淯水入汉处:一是襄城北的大隄,一在樊城南,一在三洲口东,皆在襄阳县境内,且在邔县之北,三澨不为水名,且皆不在竟陵境域。今人黄怀信等亦持此说。

"澨",《说文》:"埤增水边土",即在水边增土建堤防的意思,某水有澨,往往以此作为该地地名,如《左传》中的"句澨"、"漳澨"、"蓬澨"、"雍澨"等,"三澨"当为沧浪之水以南汉水边上的三大堤防处,《锥

---

[1] (清)皮锡瑞:《今文尚书考证》,北京:中华书局,2009年,第178页。

指》以襄城北的大隄，樊城南及三洲口东之处为三澨，且都在襄阳县地，此
当为正确释义。

九州攸同，四隩既宅，九山刊旅，九川涤源，九泽既陂，四海会同。
六府孔修，庶土交正，厎慎财赋，咸则三壤，成赋中邦。锡土、姓，
祗台德先，不距朕行。

四隩既宅

汉·司马迁： 四奥既居。[①]（《史记》）

隩作奥，宅作居。

汉·班固： 四奥既宅。[②]（《汉书》）

隩作奥。

东晋·伪孔传： 四方之宅已可居。[③]

隩为宅。

唐·孔颖达： 室隅为"隩"，"隩"是内也。人之造宅为居，至其隩内，
遂以"隩"表宅，故传以"隩"为宅，以宅内可居，言四方旧可居之处皆可
居也。[④]

"隩"为室内，亦表宅、宅内可居，"四隩既宅"：四方旧可居之处皆
可居。

---

① 顾颉刚、刘起釪：《尚书校释译论》，北京：中华书局，2005 年，第 808 页。
② 顾颉刚、刘起釪：《尚书校释译论》，北京：中华书局，2005 年，第 808 页。
③ （唐）孔颖达：《尚书正义》，北京：北京大学出版社，1999 年，第 165 页。
④ （唐）孔颖达：《尚书正义》，北京：北京大学出版社，1999 年，第 166 页。

宋·苏轼： 隩，深也。四方深远者皆可居。①（《书传》）

隩为深，四方深远者皆可居。

宋·林之奇： 孔氏曰："四方之宅皆可居。"唐孔氏以谓："室隅为隩，隩是内也。人之造宅为居，至其隩内，遂以隩表宅。"案《尔雅》曰："室西南隅（谓）之奥。"以隩为室隅，当读曰奥，不得读为隩矣。隩既为室隅矣，而又曰既宅，则其文亦为重复。案……王氏曰："隩，隈也。"孙大夫曰："隈，水曲中也。"又曰："崖内为隩。"李巡曰："崖内近水为隩。"则是淇澳者，是淇水之隈曲处也，此隩当与淇澳同。盖当洪水为患，崖内近水之民犹不得安其居，至于怀襄之难既平，水由地中行，然后四方之民居崖内水曲者皆得安其居。在水涯者犹得安其居，则居平原旷野者盖可知矣。②

反对孔疏之说。四隩既宅：四方之民居崖内水曲者，皆得安其居。与禹治水相联系。

宋·蔡沈： 隩，隈也。李氏曰："涯内近水为隩。"……四海之隩，水涯之地已可奠居。③

涯内近水为隩。四隩既宅：四海水涯之地已可居住。

清·孙星衍： 史迁"隩"作"奥"。一作"壦"。疏：《说文》云："壦，四方土可居也。"《文选·西都赋》注引《说文》"居"作"定居"。宅者，《释言》云："居也。"《周语》云："宅居九隩。"注云："隩，内也。九州之内，皆可宅居也。"④

---

① （清）纪昀、陆锡熊、孙士毅等：景印文渊阁四库全书，台北：台湾商务印书馆，1986年，54-530。

② （宋）林之奇：《尚书全解》，北京：人民出版社，2019年，第180-181页。

③ （宋）蔡沈：《书集传》，上海：凤凰出版社，2010年，第64页。

④ （清）孙星衍：《尚书今古文注疏》，北京：中华书局，2017年，第201页。

"隩"作"奥"，一作"墺"。四方土可（定）居，或九州之内，皆可宅居。

清·胡渭：蔡氏曰：隩，隈也。厓内近水为隩。渭按：隩者，水曲幽隐之处。犹室之有奥，四方之隩，皆可奠居。则非特究之"降丘宅土"，雍之"三危既宅"而已。

《传》云：四方之宅已可居。《正义》云：室隅为隩，隩是内也。人之造宅为居，至于隩内，遂以隩表宅。故《传》以隩为宅，以宅内可居，言四方旧可居之处皆可居也。渭按：隩者，隅也。故室隅亦曰隩，直指隩为宅，非是。《疏》颇费辞终不明。《尔雅》：隩，隈。厓内为隩，外为隈。《疏》云："隈"当作"鞫"，传写误也。李巡曰：厓内近水为隩，其外为鞫。孙炎曰：隈，水曲中也。内，曲里也；外，曲表也。《诗·大雅》《芮鞫之即》，《传》曰：芮，水涯也。鞫，究也。《笺》曰：芮之言内也。水内曰隩，水外曰鞫。盖《诗》之所谓芮，即《禹贡》之所谓隩也。"芮"与"汭"同，"隩"亦作"奥"。《卫风》"瞻彼淇奥"是也。①

"隩"亦作"奥"，水内曰隩，为水曲幽隐处。四方之隩，皆可奠居。

清·王先谦："四隩既宅"，古文也。今文作"四奥既度"。古文"隩"作"墺"。今文作"四奥既度"者，《夏纪》作"四奥既居"。段云："古文'宅'字，今文多作'度'，《史记》于'度'字多作'居'。此必经文作'既度'也。《大传》曰：'坛四奥。'郑注：'奥，内也，安也。四方之内，人所安居也。'此今文有'奥'无'隩'之证。"先谦案：今文"宅"作"度"，说已详前。《汉志》作"四奥既宅"，盖后人改之。②

"四隩既宅"为古文，今文作"四奥既度"，《史记》依今文，作"四

---

① （清）胡渭：《禹贡锥指》，上海：上海古籍出版社，2013年，第643页。
② （清）王先谦：《尚书孔传参正》，北京：中华书局，2011年，第350页。

奥既居”，为训诂字。郑玄释奥为内、安，四方之内，人所安居。

黄怀信： 隩（ào）：同"墺"，四方可居之地……四方凡能住人的地方都住上了人。①

屈万里： 隩（ào），水涯，谓四海之边涯。既宅，既已居人……四海的边上也已经住人了。②

王世舜、王翠叶： 隩（yù）：通"墺"，四方之上可居住之地。

宅：居。……四方的土地都可以居住了。③

樊东： 四隩：四方可以定居的地方……四方之内凡是适宜居住的地方现在都可以居住了。④

编者按

"四隩既宅"，《史记》作"四奥既居"，《汉志》作"四奥既宅"。王先谦《尚书孔传参正》云："'四隩既宅'，古文也。今文作'四奥既度'"⑤"《大传》曰：'坛四奥。'郑注：'奥，内也，安也。四方之内，人所安居也。'此今文有'奥'无'隩'之证。"⑥可知"奥"为今文，《史记》、《汉书》依今文，"居"为"宅"训诂字。

隩，《说文·土部》："墺，四方土可居也。"⑦南唐徐锴《系传》引《尚书》

---

① 黄怀信：《尚书注训》，济南：齐鲁书社，2002 年，第 82 页。
② 屈万里：《尚书今注今译》，上海：上海辞书出版社，2021 年，第 59 页。
③ 王世舜、王翠叶：《尚书》，北京：中华书局，2021 年，第 87-88 页。
④ 樊东：《尚书译注》上海：上海三联书社，2013 年，第 39 页。
⑤ （清）王先谦：《尚书孔传参正》，北京：中华书局，2011 年，第 350 页。
⑥ （清）王先谦：《尚书孔传参正》，北京：中华书局，2011 年，第 350 页。
⑦ 顾颉刚、刘起釪：《尚书校释译论》，北京：中华书局，2005 年，第 808 页。

作"四墺既宅";《玉篇》"墺"引《尚书》亦云:"四墺既宅"。段玉裁《尚书撰异》云:"此《古文尚书》作'墺'之证。"[1] 未被开宝乱改之《释文》亦作"墺",可知伪古文亦作"墺",至卫包时改为"隩",《唐石经》及各刊本承用"隩"字至今,《释文》亦于开宝时期改为"隩",唯《史记正义》所据本仍同《史记》、《汉书》作"奥",段氏认为当改回为"墺"。

隩,《尚书·尧典》"厥民隩",郑玄注:"奥,内也。"[2]《大传》:"壇四奥。"郑注:"奥,内也,安也。四方之内,人所安居也。"[3]《说文·土部》:"墺,四方土可居也。"[4]《文选·西都赋》李善注引《说文》"居"作"定居",谓四方之土(内)可定居,此为正解。清人王先谦,今人黄怀信、王世舜、王翠叶、樊东等皆持此说,不过王氏读隩为 yù。释"隩"作"内"或"土"皆确,伪孔依《说文》则释"隩"为宅,云"四方之宅已可居。"[5] 孔疏遂承其说,云:"室隅为'隩','隩'是内也。人之造宅为居,至其隩内,遂以"隩"表宅,故传以"隩"为宅,以宅内可居,言四方旧可居之处皆可居也。"[6] 其综合了郑玄与伪孔说,将"隩"释作宅,"四隩既宅"为四方旧可居之处皆可居,此为曲说。此外,苏轼《书传》释"隩"为深,谓"四方深远者皆可居。"[7] 林之奇据王氏、孙大夫及李巡言,释"隩"为水之隈曲处,认为洪水为患,崖内近水之民不得安其居,"既平,水由地中行,然后四方之民居崖内水曲者皆得安其居。在水涯者犹得安其居,则居平原旷野者盖可知矣。"[8] 与治水相联系,蔡传承其说;胡渭承孔疏说同时,谓"隩者,

① 顾颉刚、刘起釪:《尚书校释译论》,北京:中华书局,2005 年,第 808 页。

② 顾颉刚、刘起釪:《尚书校释译论》,北京:中华书局,2005 年,第 808 页。

③ (清)王先谦:《尚书孔传参正》,北京:中华书局,2011 年,第 350 页。

④ 顾颉刚、刘起釪:《尚书校释译论》,北京:中华书局,2005 年,第 808 页。

⑤ (唐)孔颖达:《尚书正义》,北京:北京大学出版社,1999 年,第 165 页。

⑥ (唐)孔颖达:《尚书正义》,北京:北京大学出版社,1999 年,第 166 页。

⑦ (清)纪昀、陆锡熊、孙士毅等:景印文渊阁四库全书,台北:台湾商务印书馆,1986 年,54-530。

⑧ (宋)林之奇:《尚书全解》,北京:人民出版社,2019 年,第 181 页。

隅也。"故室隅亦可称隩，但直指隩为宅，则"非是"。其结合苏轼、林蔡、《尔雅》、《诗经》、《大传》等说，谓"隩"为隈、厓内或厓内近水义，云"隩者，水曲幽隐之处。犹室之有奥，四方之隩，皆可奠居。"①今人屈万里谓"隩"作水涯，谓"四海之边涯……四海的边上也已经住人了。"同与此说。此为第二种曲解。②

六府

东晋·伪孔传： 水、火、金、木、土、谷甚修治。③

唐·孔疏： 《大禹谟》云，水、火、金、木、土、谷谓之六府。皆修治者，言政化和也。④

宋·林之奇： 六府孔修，即《大禹谟》所谓"水、火、金、木、土、穀惟修"是也。⑤

宋·蔡沈： 水、火、金、木、土、谷皆大修治也。⑥

李长傅： 六府，《礼记·曲礼》："天子之六府，曰司土、司木、司水、司草、司器、司货，典司六职。"注云："府，主藏六物之税者，此殷时制也。"

一说水、火、金、木、土、谷为六府。

……金吉甫谓："府，官府也。六府者，水、火、金、木、土、谷也。水土既平，故六者之利无不兴，六府之官无不举也。"⑦

---

① （清）胡渭：《禹贡锥指》，上海：上海古籍出版社，2013 年，第 643 页。
② 屈万里：《尚书今注今译》，上海：上海辞书出版社，2021 年，第 59 页。
③ （唐）孔颖达：《尚书正义》，北京：北京大学出版社，1999 年，第 165 页。
④ （唐）孔颖达：《尚书正义》，北京：北京大学出版社，1999 年，第 166 页。
⑤ （宋）林之奇：《尚书全解》，北京：人民出版社，2019 年，第 181 页。
⑥ （宋）蔡沈：《书集传》，上海：凤凰出版社，2010 年，第 65 页。
⑦ 李长傅：《禹贡释地》，商丘：中州书画社，1982 年，第 145 页。

江灏、钱宗武：（六府）水火金木土谷。①

王世舜、王翠叶：《左传·文公七年》："水火金木土谷，谓之六府。"府，贮藏财物之处，水火金木土谷为财货所聚，所以称六府。②

樊东：六府：水、火、金、木、土、谷。③

编者按

《礼记·曲礼》中记六府为司土、司木、司水、司草、司器、司货，郑玄注："府，主藏六物之税者，此殷时制也。"④大抵礼书所记多依据古代事实，此处所记虽非直接沿自《曲礼》，然六府当指掌管贡赋税收的六个府库，伪孔及古今多数治经者大多以"水木金火土谷"为释，蹈空而不切实际，不适用于此处，《禹贡》文义主要目的在于贡赋，此处是说把贡赋税收之职办好。

庶土交正

汉·郑玄：众土美恶及高下得正矣。⑤（《史记·集解》引）

土壤之美恶高低得以确定。

东晋·伪孔传：交，俱也。众土俱得其正，谓壤、坟、垆。⑥

唐·孔颖达：交错、更互，"俱"之义，故"交"为俱也。洪水之时，高下皆水，土失本性。今水灾既除，"众土俱得其正，谓壤、坟、垆"，还复其壤、坟、垆之性也。诸州之土，"青黎"是色，"涂泥"是湿，土性之异，惟有"壤、

---

① 江灏、钱宗武：《今古文尚书全译》，贵阳：贵州人民出版社，1990年，第88页。
② 王世舜、王翠叶：《尚书》，北京：中华书局，2021年，第87页。
③ 樊东：《尚书译注》，北京：北京联合出版公司，2018年，第39页。
④ 李长傅：《禹贡释地》，商丘：中州书画社，1982年，第145页。
⑤ 顾颉刚、刘起釪：《尚书校释译论》，北京：中华书局，2005年，第812页。
⑥（唐）孔颖达：《尚书正义》，北京：北京大学出版社，1999年，第165页。

坟、垆"耳，故举三者以言也。①

交为"俱"，交错、更互的意思，水灾既除，各州土壤复其本性，如壤、坟、垆等，然不包括"青黎"、"涂泥"等，其为土壤特征，非为土性。

宋·叶梦得： 庶土交正，以九土相参而辨其等也。②

九土相较辨其等级。

宋·吕祖谦： 九州之土，彼此相视高下，各得其正。③

宋·蔡沈： 土者，财之自生。谓之"庶土"，则非特谷土也。庶土有等，当以肥瘠高下，名物交相正焉，以任土事。④

"庶土"是非谷土的意思，以肥瘠高下区分等级。

元·吴澄： （庶土）川泽、坟衍、原隰、丘陵、山林也。说本《周礼·大司徒》，即所谓"以土会之法，辨五地之物生"者也。⑤

"庶土"为川泽、坟衍、原隰、丘陵、山林五类，按土地不同的类别和特性辨别其生产之物。

清·胡渭： 东阳陈氏云：庶土交正，则山林、川泽、丘陵、坟衍、原隰之土地无不辨，非特坟、壤、垆之别而已。此说非是。夫坟、壤、垆即在此五地中，岂厥土云云之外，更有所为五地之土性乎！吴说不妨互证，陈氏推广言之，则谬矣。

《正义》云：诸州之土，青黎是色，涂泥是湿。土性之异，惟有壤、坟、垆耳，故举三者以言也。今按扬、荆之涂泥，不可谓非土性。梁之青黎，安国以黎

---

① （唐）孔颖达：《尚书正义》，北京：北京大学出版社，1999年，第166页。
② （清）胡渭：《禹贡锥指》，上海：上海古籍出版社，2013年，第655页。
③ （清）胡渭：《禹贡锥指》，上海：上海古籍出版社，2013年，第655页。
④ （宋）蔡沈：《书集传》，上海：凤凰出版社，2010年，第65页。
⑤ （清）胡渭：《禹贡锥指》，上海：上海古籍出版社，2013年，第655页。

为黑。马融曰：黎，小疏也。王肃从之。盖黎实土性。青海滨广斥，斥卤亦土性也。土黏曰埴，徐之赤埴，独非土性乎！《传》云：壤、坟、垆特举其多者言之，不必谓三者之外，更无土性也。

《孔疏》以众土俱复本性为交正。叶少蕴始云：以九土相参而辨其等。此义较长，故《蔡传》宗之。或疑经文田有等而土无等，叶说恐非。愚谓田不外乎土，特自人耕治出谷，名之曰田。九等亦就壤、坟、垆别之，即田之等可以知土之等也。但此云"庶土交正"，不专主谷土耳。[①]

> 东阳陈氏以"庶土交正"为山林、川泽、丘陵、坟衍、原隰之辨，非只坟、壤、垆之别，胡氏则认为坟、壤、垆包含于五地之中，陈氏之说谬；《孔疏》以土性为壤、坟、垆三者，胡氏认为扬、荆之涂泥、梁州之青黎、青州之斥卤、徐州之赤埴等，亦皆土性；《孔疏》以"交正"为众土俱复本性，叶梦得以九土相较辨其等，胡氏同于叶说，且认为田等即土等。

顾颉刚、刘起釪：九州的土壤都有一定，如冀州土白壤，兖州土黑坟，青州土白坟及广斥，徐州土赤埴坟，扬州、荆州土涂泥，豫州土惟壤及坟垆，梁州土青黎，雍州土黄壤，视土壤田地之美恶各得其正有之等第。[②]

> 九州之各种土壤各得其正有之等第。

屈万里：庶，众。交，俱。正，谓美恶之等第得其正。[③]

编者按

"庶土交正"，《史记》作"众土交正"，可知"庶"、"众"同义；郑玄释为土壤之美恶高低得以确定，伪孔以"众土俱得其正，谓壤、坟、垆"，

① （清）胡渭：《禹贡锥指》，上海：上海古籍出版社，2013年，第655-656页。
② 顾颉刚、刘起釪：《尚书校释译论》，北京：中华书局，2005年，第812页。
③ 屈万里：《尚书今注今译》，上海：上海辞书出版社，2021年，第59页。

《孔疏》承伪孔之说，以"众土俱得其正"，为"还复其壤、坟、垆之性"，且认为不包括"青黎"、"涂泥"等，因其为土壤特征，非为土性；胡渭反驳孔疏之说，认为扬、荆之涂泥、梁州之青黎、青州之斥卤、徐州之赤埴等，亦皆土性，且"交正"为不仅仅为众土俱复本性，还在于"九土相较辨其等"的涵义上，通过辨定土性以确定等级纳贡，以合于《禹贡》主旨，此说当较为恰当，南宋叶梦得、吕祖谦，今人顾颉刚、刘起釪、屈万里等皆持此说。

此外，还有儒者将"庶土"释作别义，如蔡传以"庶土"为"非特谷土也"，即不太适宜耕作的次等土壤，以肥瘠高下区分等级，以任土事；元人吴澄据《周礼·大司徒》，将"庶土"释为川泽、坟衍、原隰、丘陵、山林五类，"庶土交正"为按这些土地不同的类别和特性辨别其生产之物；胡渭《锥指》引东阳陈氏等，亦持此说。此皆是从"庶土"的字面意义，将"土"与"田"分开解释，以为"土"不同于"田"，然胡渭认为"田不外乎土"，田之等即土之等，"不专主谷土耳"，为较合理的说法，"庶土"即为九州土壤的意思，"庶土交正"为视土壤田地之美恶各得其正有之等第。

咸则三壤，成赋中邦，锡土姓

汉·司马迁：咸则三壤成赋，中国锡土姓。[1]

汉·郑玄：（"咸则三壤成赋，中邦锡土姓。"）三壤，上中各三等也……中，即九州也。天子建其国诸侯，祚之土，赐之姓，命之氏其敬悦天子之德。[2]

承《史记》句。三壤：上中各三等；中：九州。

东晋·伪孔：皆法壤田上中下大较三品，成九州之赋。[3]

唐·孔颖达：皆法则其三品上壤，准其地之肥瘠，为上中下三等，以成其贡

---

① 顾颉刚、刘起釪：《尚书校释译论》，北京：中华书局，2005年，第812页。
② 顾颉刚、刘起釪：《尚书校释译论》，北京：中华书局，2005年，第812、813页。
③ （唐）孔颖达：《尚书正义》，北京：北京大学出版社，1999年，第165页。

赋之法于中国。①

唐·颜师古： 言皆随其土地自上中下三品而成其赋于中国也。中国，京师也。②

宋·苏轼： 九州各则壤之高下，以制国用为赋入之多少。中邦，诸夏也，贡篚有及于四夷者，而赋止于诸夏也。③（《书传》）

宋·林之奇： 《禹贡》重叙成赋中邦之意，不如颜师古之说为善。④（《尚书全解》）

宋·蔡沈： 咸，皆也。则，品节之也。九州谷土又皆品节之以上、中、下三等，如周大司徒"辨十有二壤之名物以致稼穑"之类。中邦，中国也。盖土赋或及于四夷，而田赋则止于中国而已，故曰"成赋中邦"。⑤

清·孙星衍： 咸则三壤成赋。注：郑康成曰："三壤，上、中、下各三等也。"疏：则者，《释诂》云："法也。"郑注见《史记集解》。

中邦锡土姓……注：史迁"邦"作"国"。郑康成曰："中即九州也。天子建其国，诸侯祚之土，赐之姓，命之氏……"⑥

从"成赋"处断句，"中邦锡土姓"连读，赞同郑玄说。

曾运乾： "咸则三壤成赋。中邦锡土姓。"

郑玄云："三壤，上中下各三等也。中邦，九州也。天子建其国，诸侯祚之土，赐之姓，命之氏。"……按三壤者，于三等中又分为九等也。中邦锡土姓，

---

① （唐）孔颖达：《尚书正义》，北京：北京大学出版社，1999年，第165页。

② 顾颉刚、刘起釪：《尚书校释译论》，北京：中华书局，2005年，第813页。

③ （清）纪昀、陆锡熊、孙士毅等：景印文渊阁四库全书，台北：台湾商务印书馆，1986年，54-530。

④ （宋）林之奇：《尚书全解》，北京：人民出版社，2019年，第182页。

⑤ （宋）蔡沈：《书集传》，上海：凤凰出版社，2010年，第65页。

⑥ （清）孙星衍：《尚书今古文注疏》，北京：中华书局，2017年，第202页。

则蛮夷戎狄不在胙土命氏之列可知矣。①

从郑玄说，从"成赋"处断句，"中邦锡土姓"连读。

王世舜、王翠叶： "咸则三壤成赋。中邦锡土姓。"

咸：皆。则，法，可理解为根据。成赋：意即交纳赋税。中邦锡土姓：中邦，中即指九州；邦即城邦，为天子所建。郑玄曰："中即九州也；天子建其国，诸侯胙之土，赐之姓，命之氏。"……各地百姓都要根据土质优劣的三种规定交纳赋税。九州之内的土地都分封给诸侯并赐之以姓氏。②

从郑玄说。

江灏、钱宗武： "咸则三壤成赋。中邦锡土、姓。"……都是根据土地的上中下等级规定赋税的。九州之内的土地都赏赐给诸侯，并且赐给姓氏，而赐给土地、姓氏的准则，是按照他们的品德决定先后。③

屈万里： 咸则三壤，成赋中邦。锡土姓，……咸，皆。则，准则。三壤，谓田上中下三等。成，定。中邦：中国。锡，赐。……通通按照三等田地来规定中国的赋税。④

编者按

　　"咸则三壤，成赋中邦"，此句断句不同。司马迁《史记》从成赋处断句，连上，"中邦"连下读，且"邦"作"国"，谓："咸则三壤成赋，中国锡土姓。"⑤郑玄承《史记》说，谓"三壤，上中各三等也……中，即九州也。

① 曾运乾：《尚书正读》，上海：华东师范大学出版社，第88页。
② 王世舜、王翠叶：《尚书》，北京：中华书局，2021年，第87-88页。
③ 江灏、钱宗武：《今古文尚书全译》，贵阳：贵州人民出版社，1990年，第87、90页。
④ 屈万里：《尚书今注今译》，上海：上海辞书出版社，2021年，第59-60页。
⑤ 顾颉刚、刘起釪：《尚书校释译论》，北京：中华书局，2005年，第812页。

天子建其国诸侯，祚之土，赐之姓，命之氏……"①清人孙星衍亦从郑玄说，谓"则"，法也。今人曾运乾、王世舜、王翠叶、江灏、钱宗武等亦皆持此说，不过江氏《全译》又在"土姓"间加顿号，谓"中邦锡土、姓"。

伪孔则从"壤"处断句，谓"咸则三壤，成赋中邦。"释云："皆法壤田上中下大较三品，成九州之赋。"②孔疏云："皆法则其三品上壤，准其地之肥瘠，为上中下三等，以成其贡赋之法于中国。"③咸：皆、都；则：取法、准则、依以为准。将土壤分为上中下三品，依土壤肥瘠为标准来定赋税。颜师古亦持此说，又谓："中国，京师也。"④苏轼云："中邦，诸夏也。""贡篚有及于四夷者，而赋止于诸夏也。"⑤四夷贡篚，中邦贡赋。此外，林之奇、蔡沈、今人屈万里等亦皆持此说。蔡传谓："中邦，中国也。盖土赋或及于四夷，而田赋则止于中国而已，故曰'成赋中邦'。"⑥土赋及于四夷，田赋则止于中国，亦颜、苏说的继承。

锡土姓：

汉·司马迁： 赐土姓。⑦

东晋·伪孔传： 天子建德，因生以赐姓。谓有德之人生此地，以此地名赐之姓以显之。⑧

唐·孔疏： 此一经皆史美禹功，言九州风俗既同，可以施其教化，天子惟当

---

① 顾颉刚、刘起釪：《尚书校释译论》，北京：中华书局，2005年，第812、813页。

② （唐）孔颖达：《尚书正义》，北京：北京大学出版社，1999年，第165页。

③ （唐）孔颖达：《尚书正义》，北京：北京大学出版社，1999年，第165页。

④ 顾颉刚、刘起釪：《尚书校释译论》，北京：中华书局，2005年，第813页。

⑤ （清）纪昀、陆锡熊、孙士毅等：景印文渊阁四库全书，台北：台湾商务印书馆，1986年，54-530。

⑥ （宋）蔡沈：《书集传》，南京：凤凰出版社，2010年，第65页。

⑦ 顾颉刚、刘起釪：《尚书校释译论》，北京：中华书局，2005年，第813页。

⑧ （唐）孔颖达：《尚书正义》，北京：北京大学出版社，1999年，第166页。

择任其贤者，相与共治之。选有德之人，赐与所生之土为姓……土，地也，谓有德之人生于此地，天子以地名赐之姓以尊显之。《周语》称帝嘉禹德，赐姓曰姒；祚四岳，赐姓曰姜；《左传》称周赐陈胡公之姓为妫，皆是因生赐姓之事也。臣蒙赐姓，其人少矣，此事是用贤大者，故举以为言。[①]

宋·苏轼：《春秋传》曰："天子建国，因生以赐姓，胙之土而命之氏。"[②]（《书传》）

宋·林之奇： 锡土姓者，于是始可以疆天下，封建诸侯而成五服也。《左氏传》曰："天子建国，因生以赐姓，胙之土而命之氏。"盖胙之土，即所谓锡土是也。命之氏，即所谓锡姓是也。如契封于商，赐姓子氏。稷封于邰，赐姓姬氏，必在于此时。以稷、契观之，则其他诸侯皆然。陈博士曰：当洪水未平之初，有国者亦皆有土，有宗者亦皆有姓，至是则锡之遍矣，是也。[③]（《尚书全解》）

宋·蔡沈："锡土姓"者，言锡之土以立国，锡之姓以立宗。《左传》所谓"天子建德，因生以赐姓，胙之土，而命之氏"者也。[④]

黄怀信：（大禹）又给各部落诸侯分土地、赐姓氏。[⑤]

樊东： 天子以土地之名赐姓氏。[⑥]

编者按

锡土姓，《史记》作"赐"，其义同。历代注疏者多引《左传》"天子建德，

---

① （唐）孔颖达：《尚书正义》，北京：北京大学出版社，1999年，第166-167页。
② （清）纪昀、陆锡熊、孙士毅等：景印文渊阁四库全书，台北：台湾商务印书馆，1986年，54-531。
③ （宋）林之奇：《尚书全解》，北京：人民出版社，2019年，第182页。
④ （宋）蔡沈：《书集传》，上海：凤凰出版社，2010年，第65页。
⑤ 黄怀信：《尚书注训》，济南：齐鲁书社，2002年，第82页。
⑥ 樊东：《尚书译注》，北京：北京联合出版公司，2018年，第40页。

因生以赐姓，胙之土，而命之氏。"① 说天子赐姓封国。伪孔云天子建德，"谓有德之人生此地，以此地名赐之姓以显之。"② 孔疏承袭伪孔，认为此处是美禹之功，水土已平，九州风俗既同，可以施其教化，天子选有德之人，赐与所生之土为姓。土：地，"谓有德之人生于此地，天子以地名赐之姓以尊显之。"③ 并举《国语》、《左传》说明之。林之奇《全解》谓"锡土姓者"，为"始可以疆天下，封建诸侯而成五服也。"④ 黄怀信谓大禹给各部落诸侯分土地、赐姓氏；樊东《译注》云："天子以土地之名赐姓氏。"⑤ 皆是说天子或大禹赐土地、姓名与有德之人或诸侯。今人顾颉刚、刘起釪经过考证，认为上述所说皆非。其云《禹贡》在创作过程中抄录《国语》，《国语·周语》叙禹功绩，在"封崇九山……合同四海"后接着说："故天无伏阴，地无散阳，水无沉气，火无灾燀，神无间行，民无淫心，时无逆数，物害无生，帅象禹之功，度之于轨仪，莫非嘉绩，克厌帝心（韦注："帝，天也"）。皇天嘉之，胙以天下，赐姓曰姒，氏曰有夏。"⑥ "《禹贡》在抄录了'封崇九山'至'合同四海'那段材料之后，略去'故天无伏阴'至'克厌帝心'一段，然后将'皇天嘉之，胙土赐姓'四句神话改为史事，并简化为'锡土姓'三字（也有可能文字残佚、存此三字），就使人看不清楚。这原是说上帝赏赐给禹以土和姓氏，无意中保存了一句神话原文（只是语句有省变）。旧释多违原义，以为禹赐臣下以土、姓，实误。"⑦

---

① （宋）蔡沈：《书集传》，南京：凤凰出版社，2010 年，第 65 页。

② （唐）孔颖达：《尚书正义》，北京：北京大学出版社，1999 年，第 166 页。

③ （唐）孔颖达：《尚书正义》，北京：北京大学出版社，1999 年，第 166-167 页。

④ （宋）林之奇：《尚书全解》，北京：人民出版社，2019 年，第 182 页。

⑤ 樊东：《尚书译注》，北京：北京联合出版公司，2018 年，第 40 页。

⑥ 顾颉刚、刘起釪：《尚书校释译论》，北京：中华书局，2005 年，第 813 页。

⑦ 顾颉刚、刘起釪：《尚书校释译论》，北京：中华书局，2005 年，第 813、814 页。

祗台德先

东晋·伪孔： 台，我也……王者常自以敬我德为先。[①]

唐·孔疏： 常自以敬我德为先……正义曰："台，我"，《释诂》文。……《论语》云："上好礼，则民莫敢不敬。上好义，则民莫敢不服。上好信，则民莫敢不用情。"王者自敬其德，则民岂敢不敬之？[②]

宋·苏轼： 台，我也。我以德先之。[③]

宋·林之奇： 惟钦我德以为先。[④]

宋·蔡沈： 台，我。……惟敬德以先天下。[⑤]

清·孙星衍： 以祗台为敬悦者，《释诂》云："祗，敬也。""怡，乐也。"台与怡，声相近。悦即乐也。[⑥]

清·胡渭： 王氏（炎）曰：曰台、曰朕，皆禹自言。……金氏曰：禹既任天下之事……此所以祗敬我德以为率先。[⑦]

清·王先谦： 王者常自以敬我德为先。……《说文》"台"下云："悦也。"与郑义合。[⑧]

曾运乾： 其敬悦天子之德既先。……"祗台德先"倒文，犹言"先祗

① （唐）孔颖达：《尚书正义》，北京：北京大学出版社，1999 年，第 166 页。
② （唐）孔颖达：《尚书正义》，北京：北京大学出版社，1999 年，第 166-167 页。
③ （清）纪昀、陆锡熊、孙士毅等：景印文渊阁四库全书，台北：台湾商务印书馆，1986 年，54-531。
④ （宋）林之奇：《尚书全解》，北京：人民出版社，2019 年，第 183 页。
⑤ （宋）蔡沈：《书集传》，上海：凤凰出版社，2010 年，第 65 页。
⑥ （清）孙星衍：《尚书今古文注疏》，北京：中华书局，2017 年，第 202 页
⑦ （清）胡渭：《禹贡锥指》，上海：上海古籍出版社，2013 年，第 664 页。
⑧ （清）王先谦：《尚书孔传参正》，北京：中华书局，2011 年，第 351-352 页。

台德"也。①

　　王世舜、王翠叶：祗台（yí）德先：倒装句，应作"先祗台德"，意言把我的德行放在首位。祗，敬。台，第一人称代词，我。②

　　黄怀信：祗，敬。台（yí）：同"以"。……并恭敬的以德为先，不用暴力。③

　　屈万里：台（yí），与"以"通，例见王孙钟，于省吾说。……把土地和民众赏赐给诸侯，则是按照他们的品德来决定先后。④

　　江灏、钱宗武：祗（zhī 支）恭敬。台（yí 移）以。（于省吾说）。……而赐给土地、姓氏的准则，是按照他们的品德决定先后。⑤

编者按

　　"祗"，《尔雅·释诂》："敬也。"⑥《释文》："台，音怡。"⑦伪孔云："台，我也……王者常自以敬我德为先。"⑧孔疏、苏轼、林之奇、蔡沈、胡渭，今人王世舜、王翠叶等亦皆持此说，谓"我"为王者、天子或大禹，即以我的德业为先。这是正确的解释。此外，孙星衍《注疏》云："'怡，乐也。'台与怡，声相近。悦即乐也。"⑨王先谦亦云："《说文》'台'下云：'悦

---

①　曾运乾：《尚书正读》，上海：华东师范大学出版社，2011 年，第 88 页。

②　王世舜、王翠叶：《尚书》，北京：中华书局，2021 年，第 88 页。

③　黄怀信：《尚书注训》，济南：齐鲁书社，2002 年，第 82 页。

④　屈万里：《尚书今注今译》，上海：上海辞书出版社，2021 年，第 59-60 页。

⑤　江灏、钱宗武：《今古文尚书全译》，贵阳：贵州人民出版社，1990 年，第 89-90 页。

⑥　顾颉刚、刘起釪：《尚书校释译论》，北京：中华书局，2005 年，第 814 页。

⑦　顾颉刚、刘起釪：《尚书校释译论》，北京：中华书局，2005 年，第 814 页。

⑧　（唐）孔颖达：《尚书正义》，北京：北京大学出版社，1999 年，第 166 页。

⑨　（清）孙星衍：《尚书今古文注疏》，北京：中华书局，2017 年，第 202 页

也。'与郑义合。"① 王世舜《尚书》以"台"读怡，云：台"第一人称，我。"②
黄怀信、屈万里、江灏、钱宗武等则以"台"同"以"，黄氏谓大禹"恭敬
的以德为先"③；屈、江、钱则谓是"按照他们（诸侯）的品德决定先后。"
④ 主语不同。于省吾《新证》云："按《诗》'亦祇以异'传：……《左·僖
十三年传》'祇以成恶'，《周语》'而祇以觊武'。《晋语》'祇以解志'。
是'祇以'为周人语例。'台'即以。晚周'以'每作台，《王孙钟》'用
享台孝'，'用鄝台喜'。《陈侯因资敦》'台登台尝'……此例金文习见。
'祇台德先'者，适以德化为先也。"⑤ 此说为是。

---

① （清）王先谦：《尚书孔传参正》，北京：中华书局，2011 年，第 352 页。

② 王世舜、王翠叶：《尚书》，北京：中华书局，2021 年，第 88 页。

③ 黄怀信：《尚书注训》，济南：齐鲁书社，2002 年，第 82 页。

④ 江灏、钱宗武：《今古文尚书全译》，贵阳：贵州人民出版社，1990 年，第 90 页。

⑤ 顾颉刚、刘起釪：《尚书校释译论》，北京：中华书局，2005 年，第 814 页。

第三章

五服歧解辑录

三百里纳秸服

东晋·伪孔传：秸，稿也，服稿役。[1]

秸是稿，服为服稿役。

唐·孔颖达：（《释文》）马云：“去其颖，音轨。”[2]

《郊特牲》云：“莞簟之安，而稿秸之设。”“秸”亦“稿”也，双言之耳。去穗送稿，易于送穗，故为远弥轻也。然计什一而得，稿粟皆送，则秸服重於纳铚，则乘近重远轻之义。盖纳粟之外，斟酌纳稿。“服稿役”者，解经“服”字，于此言“服”，明上下服皆并有所纳之役也。四百里犹尚纳粟，此当稿、粟别纳，非是徒纳稿也。[3]

纳稿、粟。稿即秸，是农作物的茎叶部分。这里是纳穗和秸。服是服役的意思。

唐·颜师古：戛，槀也。言服者，盖有役则服之耳。戛音工黠反。[4]

《汉志》作“戛服”。颜氏注：戛是槀，服是服役。

宋·苏轼：秸，藁也，以藁为借荐之类可服用者。[5]

秸：藁，禾杆；服是服用的意思。

宋·林之奇：三百里则愈远矣，故纳秸。秸，藁也。纳秸易于纳稯，盖远则弥轻也。虽纳秸为弥轻，然计其所直则四百里犹且纳粟，而三百里乃能纳藁秸，

---

① （唐）孔颖达：《尚书正义》，北京：北京大学出版社，1999 年，第 168 页。
② （唐）孔颖达：《尚书正义》，北京：北京大学出版社，1999 年，第 168 页。
③ （唐）孔颖达：《尚书正义》，北京：北京大学出版社，1999 年，第 168 页。
④ 顾颉刚、刘起釪：《尚书校释译论》，北京：中华书局，2005 年，第 817 页。
⑤ （清）纪昀、陆锡熊、孙士毅等：景印文渊阁四库全书，台北：台湾商务印书馆，1986 年，54-531。

比于纳粟则太优矣。故唐孔氏以谓："藁粟别纳，非是徒纳藁也。"据经文但曰纳秸，安知其为与粟兼纳乎？考之经文总、铚、粟、米下皆无服字，而此独有服字，则知纳藁虽优，其所相补除者当必在此。颜师古曰："秸，藁也。服者，言有役则服之。"王氏曰："纳秸而服输将之事也，以正在五百里之中，便于畿内移用，故其利薄于粟米，以正在五百里之中便于移用，又使之服输将之事，则其利之所出足以补其财之所入，财之所入足以优其力之所出矣。"此说为尽。唐孔氏谓："于此言服，明上下服皆并有所纳之役也。"则失其旨矣。①

> 只是纳藁，反对孔疏藁、粟别纳说。然三百里徒纳藁秸，比于纳粟太优，故"服"当为服役、输将之事，以补其财之所入。

宋·蔡沈： 半稿去皮曰秸。谓之服者，三百里内去王城为近，非惟纳、总、铚、秸，而又使之服输将之事也。独于秸言之者，总前二者而言也。②

> 秸：禾杆；服：服役、服输将之事。非单"秸服"，前二者总、铚，亦皆有服役之事。

清·胡渭： 金氏曰：服役独在三百里者，盖酌五百里之中，为转输粟米之赋也。《史记》谓古之善贾者，"百里不贩樵，千里不贩籴"，以其远而重也。然则圣人赋民，必不使之四百里而负粟，五百里而负米矣。故制为田赋，自百里而止于二百里焉。乃若四百里粟，五百里米，不复言纳。盖不远纳于帝都，亦行百里或二百里，而使三百里之民，转而输之于都耳。夫三百里之民，受远郊之米粟而为之转输，力若劳而赋则省。又以见古者赋役不两重，此帝王之良法，而后世之所可行者也。渭按：总者，禾之全体。铚去其本，秸又去其穗，此三者之别。

《传》以藁训秸。马融亦云"去其颖为秸"，则纳秸之不兼粟也明矣。《孔疏》以为纳粟之外，斟酌纳藁。非也。服者，《传》云服藁役。《疏》云：于三百里

---

① （宋）林之奇：《尚书全解》，北京：人民出版社，2019年，第185页。

② （宋）蔡沈：《书集传》，南京：凤凰出版社，2010年，第65页。

言服，举中以明上下，皆是服王事也。以"服"字通绾上下，于文义不协。王氏财力补除之说甚善，然又似兼服内外四百里之稿役，则财虽省而力太劳，恐亦无是理。至金氏以为代外二百里转输粟米于都，而其义始尽；粟米不言纳，旧说皆云从上省文，金氏以为不自纳于都，三百里之民代为之转输，故不言纳。证据尤确。真可谓毫发无余恨，事固有渐推而愈明者，此类是也。①

　　服：为五百里之中，转输粟米之赋者。反对孔疏纳粟稿之说。孔疏、王氏稿役说力太劳，无是理。赞同金履详之说。

清·陈奂： 稃服二字连文得义，断去其稿，又去其颖，谓之秸。带稃言，谓之秸服。秸者，实也。秸服者，粟之皮也。服与稃声相近。自伪孔传误秸为稿，而颜又误解服字耳。"（按颜师古《汉书》注云："言服者，谓之役则服之耳。"实牵强。）②（《诗毛氏传疏》）

　　稃、服二字相通假，为谷皮。

曾运乾： 三百里秸，秸，又去颖也。③

黄怀信： 秸：谷秆。"服"字衍。……三百里之内交纳谷秆。④

屈万里： 秸（jiē），断去其藁及芒。带稃者，谓之秸服，本陈奂说。⑤

王世舜、王翠叶： 秸（jiē）服：郑玄曾对"甸服"作总得解释说："甸服者，尧制。……三百里秸，秸，又去颖也。……"秸，马融说："秸，去其颖。"颖即芒尖。……三百里者，将庄稼脱去芒尖贡来。⑥

① （清）胡渭：《禹贡锥指》，上海：上海古籍出版社，2013年，第667-668页。
② 顾颉刚、刘起釪：《尚书校释译论》，北京：中华书局，2005年，第818页。
③ 曾运乾：《尚书正读》，上海：华东师范大学出版社，2011年，第89页。
④ 黄怀信：《尚书注训》，济南：齐鲁书社，2002年，第83-84页。
⑤ 屈万里：《尚书今注今译》，上海：上海辞书出版社，2021年，第60页。
⑥ 王世舜、王翠叶：《尚书》，北京：中华书局，2021年，第88-89页。

樊东： 秸服：谷物的秸秆。……三百里之内缴纳谷的秸秆。①

江灏、钱宗武： 秸（jiē 阶），郑玄说，"又去颖也。"段玉裁说："又去颖者，又去穗之颖而入谷实也。"颖，禾的尖端。……三百里的交纳带秸的谷。②

秸为去颖带秸之谷。

顾颉刚、刘起釪： 其实"服"疑为衍文，承上文服字而误。秸实与总、铚、粟、米并列，其下应无服字。注疏家对此处"服"字所妄寻的辞释，皆不确。③

⁝ 编者按

"三百里纳秸服"，集中于"秸服"的释义。

秸服，《汉志》作"戛服"，颜氏注："戛，稾也。言服者，盖有役则服之耳。戛音工黠反。"④陆德明《释文》："秸，本或作稭。"⑤孔疏引《周礼》，认为"秸"即"稿"，双言。稿，即植物的茎秆，"去穗送稿，易于送穗，故为远弥轻也。"⑥此外，林之奇《全解》："秸，藁也。"⑦藁即稿；蔡传亦云："半稿去皮曰秸。"这是"秸"的第一种解释。第二种解释，《释文》又引马融注云："秸，去其颖，音鞂。"⑧《诗经·生民》疏引郑玄注云："秸，又去其颖也。"⑨颖是禾穗尖端的芒毛，去颖，就是把穗的颖去掉，即收拾了稭芒的穗。今人曾运乾、王世舜、王翠叶等持此说。

① 樊东：《尚书译注》上海：上海三联书社，2013年，第41-42页。
② 江灏、钱宗武：《今古文尚书全译》，贵阳：贵州人民出版社，1990年，第89-90页。
③ 顾颉刚、刘起釪：《尚书校释译论》，北京：中华书局，2005年，第818页。
④ 顾颉刚、刘起釪：《尚书校释译论》，北京：中华书局，2005年，第817页。
⑤ 顾颉刚、刘起釪：《尚书校释译论》，北京：中华书局，2005年，第817页。
⑥ （唐）孔颖达：《尚书正义》，北京：北京大学出版社，1999年，第168页。
⑦ （宋）林之奇：《尚书全解》，北京：人民出版社，2019年，第185页。
⑧ （唐）孔颖达：《尚书正义》，北京：北京大学出版社，1999年，第168页。
⑨ 顾颉刚、刘起釪：《尚书校释译论》，北京：中华书局，2005年，第817页。

　　"秸服"，伪孔云："秸，稿也，服稿役。"①孔疏承伪孔之说，认为"秸"亦"稿"，双言，"去穗送稿，易于送穗，故为远弥轻也。然……稿粟皆送，则秸服重于上文的"纳铚"，乖近重远轻之义，故此处纳粟之外，斟酌纳稿；"服"者，为上下服皆并有所纳之役。即除了此处贡禾杆、禾穗外还需供服役。颜师古注《汉志》亦云："言服者，盖有役则服之耳。"②都将"服"作服役讲。林之奇《全解》云："秸，藁也。"③纳秸易于纳穗，愈远弥轻，符合《禹贡》经旨，然此三百里纳秸杆，比起四百里纳粟，"则太优矣"，上下文的"總"、"铚"、"粟"、"米"下皆无服字，而此处独有服字，"则知纳藁虽优，其所相补除者当必在此。"④继而引颜氏、王氏说，认为"服"即"将输将之事也"，纳秸之外，"又使之服输将之事"，使其利之所出以补其财之所入，反对孔疏藁、粟别纳说。蔡沈亦释"服"为服输将之事，不过此"服"字是总前二者而言，即前者纳总、铚者，亦需服输将之事。清人胡渭反对"服役"说，认为"服"为五百里之中转输粟米之赋者。其引《史记》，认为"圣人赋民，必不使之四百里而负粟，五百里而负米"，故使三百里之民，受远郊之米粟而为之输之于都，孔疏、王氏橐役说则力太劳，无是理。清人陈奂以秭、服二字相通假，其《传疏》认为"秭服二字连文得义"，秸服者，是粟之皮，"服与秭声相近。"⑤今人屈万里亦云："带秭者，谓之秸服，本陈奂说。"⑥江灏、钱宗武《全译》谓"秸"为"去颖"，"颖，禾的尖端。……三百里的交纳带秭的谷。"⑦亦同此说。今人顾颉刚、刘起釪经过考释，则认为"其实'服'疑为衍文，承上文服字而误。秸实与总、铚、粟、米并列，其下应

---

① （唐）孔颖达：《尚书正义》，北京：北京大学出版社，1999年，第168页。
② 顾颉刚、刘起釪：《尚书校释译论》，北京：中华书局，2005年，第817页。
③ （宋）林之奇：《尚书全解》，北京：人民出版社，2019年，第185页。
④ （宋）林之奇：《尚书全解》，北京：人民出版社，2019年，第185页。
⑤ 顾颉刚、刘起釪：《尚书校释译论》，北京：中华书局，2005年，第818页。
⑥ 屈万里：《尚书今注今译》，上海：上海辞书出版社，2021年，第60页。
⑦ 江灏、钱宗武：《今古文尚书全译》，贵阳：贵州人民出版社，1990年，第89-90页。

无服字。注疏家对此处'服'字所妄寻的辞释，皆不确。"① 三百里缴纳的是去掉了秸芒的穗。此说为是。

禹锡玄圭

东晋·伪孔传： 玄，天色。禹功尽加于四海，故尧赐玄圭以彰显之。言天功成。②

玄，天色。尧赐禹玄圭以彰显其功。

唐·孔颖达： 正义曰：《考工记》"天谓之玄"，是"玄"为天色。禹之蒙赐，必是尧赐，故史叙其事，"禹功尽加于四海，故尧赐玄圭以玄显之"。必以天色圭者，"言天功成"也。③

玄，天色。尧赐禹玄圭以彰显其功。

宋·苏轼： 帝锡禹以玄圭，为水德之瑞，是夏尚黑也，此五德所尚之色见于经者也。④

帝锡禹以玄圭。玄，黑色。

宋·林之奇： 此有两说。孔氏曰："禹功尽，加于四海，故尧锡玄圭以彰显之。"王氏曰："禹锡玄圭于尧，以告成功也。"此两说皆未敢以为然。尧锡圭于禹而谓"禹锡玄圭"，其文为倒置矣。臣以圭而锡君，载籍恐无此理。以某所见，此是禹以玄圭告成功于天耳。《周官·典瑞》云："四圭有邸，以祀天，旅上帝。两圭有邸，以祀地，旅四望。祼圭有瓒，以祀先王，圭璧以祀日月。"古者交于神明必用圭璧，如周公之祷于三王亦曰"植璧秉珪"，禹之治水至于"九

---

① 顾颉刚、刘起釪：《尚书校释译论》，北京：中华书局，2005 年，第 818 页。

② （唐）孔颖达：《尚书正义》，北京：北京大学出版社，1999 年，第 171 页。

③ （唐）孔颖达：《尚书正义》，北京：北京大学出版社，1999 年，第 171 页。

④ （清）纪昀、陆锡熊、孙士毅等：景印文渊阁四库全书，台北：台湾商务印书馆，1986 年，54-532。

州攸同，四隩既宅，地平天成，六府三事允治"，于是锡玄圭而告成功也。然而必用玄圭者，盖天色玄，因天事天，犹苍璧然也。[1]

禹以玄圭告成功于天。引《周礼》等说明古者持圭璧交于神明的传统；玄谓天色。

宋·蔡沈：锡，与"师锡"之"锡"同。水土既平，禹以玄圭为贽而告成功于舜也。水色黑，故圭与玄云。[2]

禹以玄圭告成功于舜。玄：黑。

清·胡渭：王氏曰：禹锡圭于尧，以告成功也。锡与"师锡帝"、"九江纳锡大龟"同义。蔡氏曰：水土既平，禹以圭为贽，而告成功于舜也。水色黑，故圭以玄云。傅氏曰：水患平……声教讫于四海而锡玄圭，臣之归美以报上也，王氏（樵）曰：上与下为锡，禹奉玄圭而曰锡者，为舜成万世之功，不可以常辞书。渭按：此二句乃史辞，玄圭或以为锡尧，或以为锡舜，未知孰是。时尧老舜摄，盖禹上之于舜，而舜归之于尧，理当然也。

传云：禹功尽加于四海，故尧赐玄圭以彰显之，言天功成。按锡者，与也；下与上亦可谓之锡。《经》言禹锡，不言锡禹，则其为禹之锡尧也审矣。吕伯恭以为锡舜，而《蔡传》因之，亦通。林少颖云：臣以圭而锡君，载籍恐无此事。以某所见，是禹以圭告成于天耳。谓禹告天尤无据，且《易·益》六三爻辞曰：有孚中行，告公用圭。此非臣锡圭于君之事，见于载籍者乎……

《正义》云：《考工记》天谓之玄。是玄为天色，尧之赐禹必以天色圭者，言天功成也。苏氏曰：禹以治水得天下，故从水而尚黑。帝锡禹以玄圭，为水德之瑞也。《蔡传》舍孔而从苏。渭按：《尚书璇玑钤》云：禹开龙门，导积石，玄圭出，刻曰：延喜玉受德，天赐佩。纬书之言不足据，然或禹治水时得一玉，

① （宋）林之奇：《尚书全解》，北京：人民出版社，2019 年，第 190 页。

② （宋）蔡沈：《书集传》，上海：凤凰出版社，2010 年，第 66 页。

色玄而异于常玉，故琢为圭，以献诸上，亦未可知。玉色玄，斯谓之玄圭。天功水德，禹未尝有意于其间也。[1]

> 王炎谓禹赐尧圭；《蔡传》谓禹以圭为贽，告成功于舜；胡氏认为有可能是赐尧，也有可能是赐舜，反对禹以圭告天说。

清·王先谦：玄，天色。禹功尽加于四海，故尧赐玄圭以彰显之。言天功成。[2]

> 尧赐禹玄圭。玄，天色。

曾运乾：禹锡玄圭者，《史记》易为"于是帝锡禹玄圭，以告成功于天下"，则此为倒文矣。帝锡禹者，言舜锡禹也。[3]

> 舜锡禹玄圭。

顾颉刚、刘起釪：《史记》作"于是帝锡禹玄圭"。古者动词往往主动被动不分，此处"禹锡玄圭"即禹被锡玄圭，亦即锡禹玄圭。《史记》据资料记明是上帝所赐，故完足其意为"于是帝锡禹玄圭"。甚确。于氏《新证》引金文《卿鼎》"臣卿锡金"，以为"谓锡臣卿以金，皆倒文也"，以证《史记》之确。[4]

樊东：玄圭：黑色的瑞玉，上圆下方。……大禹赐给各地诸侯黑色的美玉，把自己的成功告诉他们。[5]

王世舜、王翠叶：玄圭：《史记》作"元圭"。圭，美玉。……因此帝舜赐给禹以元圭，用以表彰禹所完成的巨大功业。[6]

黄怀信：玄：黑色。圭：瑞玉，上圆下方。……于是大禹给各级诸侯颁赐玄

① （清）胡渭：《禹贡锥指》，上海：上海古籍出版社，2013年，第701-702页。
② （清）王先谦：《尚书孔传参正》，北京：中华书局，2011年，第358页。
③ 曾运乾：《尚书正读》，上海：华东师范大学出版社，2011年，第91页。
④ 顾颉刚、刘起釪：《尚书校释译论》，北京：中华书局，2005年，第823页。
⑤ 樊东：《尚书译注》，北京：北京联合出版公司，2018年，第41-42页。
⑥ 王世舜、王翠叶：《尚书》，北京：中华书局，2021年，第91页。

圭，告诉他们自己成就了大功。[①]

屈万里： 锡，与"锡贡"及"纳锡"之锡同义，献也。玄，天色。……禹于是把青黑色的圭，献给天子，来报告他已经成功了。[②]

编者按

"禹锡玄圭"，《史记》作"于是帝锡禹玄圭"。伪孔云："玄，天色。禹功尽加于四海，故尧赐玄圭以彰显之。言天功成。"[③]谓尧赐禹玄圭以彰显其功，玄是天色。孔疏承其说，引《周礼·考工记》，谓"玄"为天色，尧赐禹玄圭以显其功成。清人王先谦等持此说。

苏轼《书传》从五德始终的角度，谓玄为黑色，云"帝锡禹以玄圭。"今人王世舜、王翠叶释玄为元，谓帝赐禹以元圭；曾运乾谓"帝"为舜，舜锡禹玄圭。此外，樊东《译注》谓"大禹赐给各地诸侯黑色的美玉，把自己的成功告诉他们。"[④]黄怀信亦谓大禹给各级诸侯颁赐玄圭。

林之奇《全解》谓"禹锡玄圭"为禹以玄圭告成功于天；并引《周礼》记古人以玉祀天地、日月等，说明古者有持圭璧交于神明的传统，云禹治水成功后，锡玄圭以告天，玄为天色。今人屈万里赞同此说。《蔡传》谓禹以玄圭告成功于舜，玄为黑色。胡渭认为有可能是赐尧，也有可能是赐舜，"时尧老舜摄，盖禹上之于舜，而舜归之于尧。"反对禹以圭告天说。

《史记》作"于是帝锡禹玄圭"，今人刘起釪《译论》中认为，"古者动词往往主动被动不分，此处'禹锡玄圭'即禹被锡玄圭，亦即锡禹玄圭。"[⑤]

① 黄怀信：《尚书注训》，济南：齐鲁书社，2002年，第83-84页。
② 屈万里：《尚书今注今译》，上海：上海辞书出版社，2021年，第62页。
③ （唐）孔颖达：《尚书正义》，北京：北京大学出版社，1999年，第171页。
④ 樊东：《尚书译注》，北京：北京联合出版公司，2018年，第41页。
⑤ 顾颉刚、刘起釪：《尚书校释译论》，北京：中华书局，2005年，第823页。

又引于氏《新证》引金文《卿鼎》"臣卿锡金"，云"谓锡臣卿以金，皆倒文也"，以证《史记》之确。而这些都是根据神话传说来的。如前文《禹贡》引《国语·周语下》资料，说禹受上帝命，由四岳协助治水成功后，"皇天嘉之，胙以天下，赐姓曰姒，氏曰有夏"。而神话传说中还有锡以玄圭之事，《周语》没有记载，却记在其他文献中，如《史记·秦本纪》中有："大费与禹平水土已成，帝锡玄圭。禹受曰：'非予能成，亦大费为辅。'"汉代纬书中亦有很多此种记载。如《尚书璇机钤》云："禹开龙门，导积石，出玄珪，刻曰：'延喜玉受德，天锡佩。'"双行注："禹功既成，天出玄珪以锡之。古者以德佩，禹有治水功，故天佩以玄玉。"《礼纬稽命征》云："天命以黑，故夏有玄圭。"《春秋纬感精符》云：夏锡玄圭，故尚黑。"其它如《循甲开山图》及《论衡》亦皆记禹与玄圭事而稍变易。故禹治水成功上帝赐以玄圭的神话故事是颇盛行的。

参考文献

[1]（汉）司马迁.史记 [M].北京：中华书局，2011.

[2]（晋）郭璞注，（宋）刑昺疏.尔雅注疏 [M].北京：北京大学出版社，1999.

[3]（唐）孔颖达.尚书正义 [M].上海：上海古籍出版社，2014.

[4]（唐）孔颖达：《尚书正义》[M].北京：北京大学出版社，1999 年.

[5]（唐）李吉甫.元和郡县志 [M].北京：中华书局，1983.

[6]（唐）李泰.括地志辑校 [M].北京：中华书局，1980.

[7]（唐）杜佑.通典 [M].北京：中华书局，1992.

[8]（宋）林之奇：《尚书全解》[M].北京：人民出版社，2019 年.

[9]（宋）蔡沈.书集传 [M].南京：凤凰出版社，2010.

[10]（清）孙星衍.尚书今古文注疏 [M].北京：中华书局，2017.

[11]（清）王先谦.尚书孔传参正 [M].北京：中华书局，2011.

[12]（清）王鸣盛.尚书后案 [M].北京：北京大学出版社，2012.

[13]（清）胡渭.禹贡锥指 [M].上海：上海古籍出版社，2013.

[14]（清）皮锡瑞.今文尚书考证 [M].北京：中华书局，2009.

[15]（清）纪昀、陆锡熊、孙士毅等.景印文渊阁四库全书 [M].台北：台湾商务印书馆，1986.

[16]（清）冯登府、翁方纲、钱大昕等.续修四库全书 [M].上海：上海古籍出版社，2002.

[17]李学勤.尚书正义 [M].北京：北京大学出版社，1999.

[18]顾颉刚、刘起釪.尚书校释译论 [M].北京：中华书局，2005.

[19]李长傅.禹贡释地 [M].商丘：中州书画社，1982.

[20]曾运乾.尚书正读 [M].北京：中华书局，2015.

[21]李民、王健.尚书译注 [M].上海：上海古籍出版社，2012.

[22]王世舜.尚书译注 [M].聊城：山东师范学院聊城分院中文系古典文学教研室，1979.

[23] 王世舜、王翠叶：《尚书》，北京：中华书局，2021 年，

[24] 江灏、钱宗武 . 今古文尚书全译 [M]. 贵阳：贵州人民出版社，1990.

[25] 郭仁成 . 尚书今古文全璧 [M]. 长沙：岳麓书社，2006.

[26] 屈万里 . 尚书今注今译 [M]. 上海：上海辞书出版社，2021.

[27] 樊东 . 尚书译注 [M]. 上海：上海三联书社，2013.

[38] 慕平 . 尚书 [M]. 北京：中华书局，2009.

[29] 黄怀信 . 尚书注训 [M]. 济南：齐鲁书社，2002.

[30] 陈桥驿 . 水经注校证 [M]. 北京：中华书局，2007.

[31] 马士远、傅永聚 . 四书五经普及读本 [M]. 北京：线装书局，2016.

[32] 李学勤 . 周礼注疏 [M]. 北京：北京大学出版社，1999.

[33] 李恩江、贾玉民 . 说文解字译述 [M]. 郑州：中原农民出版社，2000.